KB164933

# 단박에
# 카피라이터

컨셉에서 카피, 썸네일까지
이 책 한 권이면 당신도 진짜 카피라이터가 될 수 있다

# 단박에
# 카피라이터

최창원 저

도서출판 린

어떻게 하면 카피를 잘 쓸 수 있을까요?

그동안 광고를 해오면서 수없이 들어온 질문입니다. 갓 입사한 초보 카피라이터는 물론, 크리에이티브 팀 내의 디자이너와 PD, 그리고 광고 후학들이 줄기차게 물음을 던져왔습니다. 그러나 그 누구에게도 뾰족한 대답을 주지는 못했습니다. 열심히 하면 된다, 농업적 근면성이 중요하다, 좋은 카피를 적어서 외워라. 그런 영혼 없는 대답이 전부였지요. 그러다 어느 날 문득, 그 질문을 제 자신에게 던져 봤습니다. 진짜 어떻게 하면 카피를 잘 쓸까? 무언가, 그들에게 실제적인 대답을 주고 싶기도 했고, 제 자신에게도 필요한 물음이었지요. 고민하기 시작했습니다. 그리고 일상이 된 광고 현장에서 그 답을 찾았습니다.

　데이비드 오길비(David Ogilvy) 같은, 우리의 카피라이터 대선 배들은 헤드라인과 바디카피를 중요하게 여겼습니다. 그리고 그 헤드라인과 잘 조화되면서도 인상적인 비주얼을 사용해 불후의 광고들을 만들어냈습니다. 제가 지나온 초보 카피라이터 시절을 돌아보면, 디자이너가 건네준 비주얼을 책상 앞에 붙여놓고 그 비주얼에 맞는 헤드라인을 고민해야 했지요. 그런데 그 후 몇 년

사이에 카피를 쓰는 것, 즉 카피라이팅의 방법도 많이 달라졌습니다. 그중에 가장 큰 변화는, 컨셉의 중요성이 크게 부각되었다는 사실입니다. 또, 카피를 쓰는 건 물론이고, 그 카피에 맞는 비주얼까지 찾는 일 역시, 카피라이터가 하는 크리에이티브 작업의 한 부분이 되었지요.

오래전부터, 광고 현장에선 카피라이터와 디자이너, PD가 꼭 같이 카피를 쓰고 비주얼을 찾는 게 일상이 되었습니다. 그만큼 이들의 업무적 경계가 허물어지고 전천후 크리에이터가 되어야 한다는 얘기지요. 더욱이 그들은 아이디에이션 과정 내내 컨셉 마인드를 공유해야 하며, 그것에서 벗어난 아이디어들은 쓰레기통으로 직진하는 경험을 끊임없이 하고 있지요. 그래서, 크리에이티브의 출발점인 컨셉을 찾고, 거기에 적합한 카피와 비주얼을 뽑아내는 과정, 이 현장의 통상적인 일을 잘 해낼 수 있도록 해준다면, 그거야말로 좋은 카피, 좋은 광고를 제대로 쓰고 만들수 있는 확실한 해답이 되겠다 싶었습니다. 그러니까, 그것은 어쩌면 가장 기본으로 돌아가는 일이기도 했지요.

그런 생각으로, 컨셉 도출에서부터 카피와 비주얼 아이디에이션, 그것들을 정리하는 썸네일 작업까지, 제가 하는 카피라이팅

과정을 재구성했습니다. 그리고 카피에 대해 배우려는 사람들에
게 그 내용을 전파했습니다. 이론보다는 실무적인 얘기이다 보니,
경험을 위한 실습도 병행했지요. 직접 컨셉을 내보고 카피를 쓰며
아이디어를 구체화 해가는 그 과정 속에서, 많은 광고 후학들과
카피 초보자들, 크리에이터들이 광고에 대한 더 큰 애정을 가지게
되고, 카피를 제대로 쓸 수 있다는 자신감을 얻어 갔습니다. 그런
모습을 보면서 그 내용을 책으로 만들어보고 싶었습니다.

시작이 어렵긴 했지만, 책을 써가는 내내 즐거웠습니다. 특히,
그동안 초보자들이 남겨둔 실습의 흔적들을 다시 꺼내보는 시
간은 보람이고 행복이었습니다. 이 흔적들은, 본인의 허락을 받
아 이 책의 각 과정별 예시로 제시합니다. 아울러, 내용에 대한
이해를 돕기 위해, 제가 쓴 카피들도 보기로 제시합니다. 예시
로 적절하다면, 광고물로 제작되어서 세상에 빛을 본 카피든, 보
관함에서 내내 잠자고 있던 카피든, 가리지 않았습니다. 이 모든
예시들이 책의 내용을 이해하고 실제로 작업을 해나가는 데 도
움이 되었으면 좋겠습니다.

어떻게 하면 카피를 잘 쓸 수 있을까. 이 책에 제시된 내용이
그 질문에 완벽하게 답한다고는 생각하지 않습니다. 그래도 이

책이 최소한, 카피를 쓰고 싶지만 어떻게 써야 할지 막막하기만
한 예비 광고인에겐 단박에 카피를 쓸 수 있는 길이 되어주고,
카피를 쓸수록 점점 길을 잃고 힘들어하는 카피라이터와, 늘 카
피의 압박을 느끼거나 카피를 제대로 쓰고 싶은 크리에이터들에
게도 단박에 명쾌한 길 하나를 열어줄 거라고 생각합니다.

　고마움을 전해야 할 사람들이 많습니다. 저를 카피라이터로
키워주고 이끌어주며 분발하게 일깨워주신 선배님들과 동료들,
후배들, 고맙습니다. 한분 한분, 책을 쓰고 자료를 정리하는 내
내, 많이 생각나고 그리웠습니다. 좋은 기회를 주시고 늘 격려해
주시는 한신대학교 미디어영상광고홍보학부 교수님들, 고맙고
존경합니다. 과정별 예시를 흔쾌히 허락해준 김성윤, 성미희, 홍
승종, 황호훈(가나다 순), 고맙고 응원합니다. 그리고 저에게 칭찬
받고 혼나면서 함께 광고를 만들었고, 지금도 만들고 있는 많은
광고 후학들, 고맙고 사랑합니다.


　이 책이 카피와 광고의 길을 찾아가는 모든 광고 후배들에게
큰 힘이 되기를 진심으로 빕니다.

최창원

CONTENTS

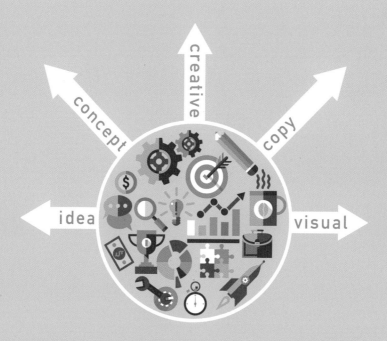

# 카피

# 카피가 뭘까?

드라마 〈연애시대〉의 마지막 회 마지막 장면. 설거지하는 엄마에게, 어린 소녀는 자신에게 묻듯 말합니다. "엄마, 사랑이 뭘까?" 2006년도에 방영됐으니, 강산이 변하고도 남을 만큼 훌쩍 시간이 지나간 드라마입니다. 주옥 같은 명대사들과 내레이션이 가슴을 파고 들었지요. 그런데도 유독 소녀의 이 한마디가 지금도 기억 속에 또렷이 살아있는 건 왜일까요? 대사가 워낙 짧고 임팩트 있었다는 사실, 무시할 수 없을 겁니다. 거기다 더 보탠다면, 이 대사 한마디가 드라마의 시작부터 마지막까지를 관통하는 주제와 직결돼있기 때문이었을 거라고 유추해봅니다. 그래서, 카피 작법의 여정을 시작하며 똑같은 질문을 던져봅니다. 카피가 뭘까?

이 질문을 던지는 이유는 간단합니다. 당신이 쓰려고 하는 혹은 쓰고 있는 '카피'란 것의 정체가 뭔지를 정확히 알자는 것이고, 또 이 책을 읽는 중에도, 이 책의 내용을 중심으로 실제 광고를 만들어나갈 때에도 내내 잊지 말아 달라는 당부입니다. 카피에 대해 얘기하다 보면, 카피(Copy)를 쓰는(Writing) 과정인 '카피라이팅(Copywriting)'이란 걸 '글짓기' 쯤으로 생각하는 사람들이 의외로 많습니다. 카피에 입문하는 사람들이 쓴 내용을 보면 이런 상황은 더욱 분명하게 드러나지요. 문학적인 서술, 시적인 감성이 카피에 한가득 흘러넘치기까지 하니까요. 예술 내지 문학을 하러 온 사람들은 생각을 바꿔야 한다고 따끔하게 충고하지만, 이런 사람들은 늘 등장합니다.

학창시절에 글짓기로 상 좀 받아봤다거나 연애편지 꽤나 써봤다고 하는 사람들. 물론 문학적 글쓰기 실력이 출중하면 카피의 맛도 다를 수 있습니다. 그러나 광고 전반을 생각해보면, '카피라이팅=글쓰기'라는 등식은 절대 인정할 수 없다는 겁니다. 오히려 그 글쓰기 실력만 믿고 정작 광고를 만드는 데 필요한 기초 작업에 소홀하거나 관심을 두지 않으면, 카피와 광고는 삽질로 끝나게 되니까요.

카피가 뭘까? 본론으로 들어가겠습니다.

# 말 걸기 작업처럼

지금, 당신의 마음이 자꾸만 향하는 누군가가 있다고 쳐봅시다. 그래서 그 사람에게 '작업'을 건다고 생각해봅시다. 우선 그 사람의 단점은, 그것이 어떤 것이든 절대 입에 담아선 안 되겠지요? 그랬다가는, 당신의 매력을 제대로 어필해보기도 전에 귀싸대기부터 얼얼하게 내줘야 할 게 뻔하니까요. 당신은 분명 그 사람의 장점을 멋지게 부풀려서 얘기할 겁니다. 그 부풀리기 역시 무턱대고 심하게 했다간 오히려 역효과가 나기 마련이니까 적절한 선을 유지하면서 말입니다.

카피를 연애편지 쓰듯 하라는 건 이 때문이지요. 한 사람에게 말을 걸듯 카피를 쓰라는 말도 불고의 진리입니다. 우선, 그 사람의 호감을 얻을 수 있을 만큼 유치하지 않게 부드럽고 기분 좋게 다가가는 거지요. 그런데 요즘은 손편지 쓰는 일이 많이 드물

어졌습니다. 군대 훈련소에 있는 젊은이들이나 그 가족 친구 연인들도 거의 인터넷으로 서신을 주고받고, 온라인 청첩장 한 장으로 모든 지인들에게 결혼을 알리는 세상이니까요. 그래서 요즘 모든 대화와 소통의 중심인 스마트폰 문자 메시지로 상황을 바꿔서 생각해보도록 하겠습니다.

이제 당신은, 얼굴 맞대고 하기 어려운 작업 걸기를 문자 메시지로 합니다. 물론 이 경우엔, 이미 서로를 조금은 알고 있거나, 상대의 전화번호를 알아낸 경우이겠지요. 어느 상황이든 간에, 우선 당신이 목표로 하는 건 그 사람의 마음을 얻는 겁니다. 최소한 상대의 마음을 열게 하는 거지요. 카피도 마찬가지입니다. 광고를 하는 목적은, 광고를 보는 사람 즉 소비자의 마음을 얻는 거지요. 차이점이 있다면, 광고는 거기서 더 나아가 상대의 지갑을 열게 만든다는 것. 이건 굉장히 중요한 점인데, 초보자들은 묵과하기 쉬운 점입니다. 나중에 생각하면 돼. 천만의 말씀입니다. 광고에 있어서 나중은 없습니다. 이번에 안 되면 다신 기회가 주어지지 않는 게 광고 무림의 흔한 불문율이니까요. 광고는 마케팅의 한 분야이고, 카피는 그 마케팅에 속하는 광고의 한 요소라는 사실, 그래서 소비자가 그 광고를 보고 해당 상품을 사도록 해야 한다는, 즉 구매 유도의 목표를 가지고 있다는 점, 잊지 말아야 합니다.

다시, 문자 메시지로 작업 거는 상황을 생각해보지요. 상대의 마음을 얻으려면 어떻게 해야 할까요? 상대는 현재 다른 누군가에게 마음을 빼앗기고 있는 상황이거나, 사귀는 상황까지는 아니더라도 '밀당' 중인 누군가가 있을지도 모릅니다. 그저 달달하고 보들보들한 말로 시작하는 게 맞을까요? 처음부터 상대의 영혼을 확 잡아끌 만한 무언가가 필요하진 않을까요? 최소한, 첫 문장을 보고 상대의 입가에 작은 미소라도 쓱 번지는 정도는 돼야 하지 않을까요? 그렇다고 나쁜 남자, 못된 여자가 되라는 말은 아닙니다. 상대가 그런 사람에게 강한 거부감을 가질 수도 있으니까요. 하물며 카피는 더욱 그렇습니다. 소비자라는 상대는, 당신이 쓰는 카피에 대해 당신의 가족처럼 무조건 물개박수를 쳐주고 응원해주는 사람이 절대 아니니까요. 오히려 그 반대지요. 광고에 대해 쌀쌀맞고 별 관심도 없으며, 이미 당신의 경쟁사 제품에 지갑을 열고 있으니까요.

　소비자에게 말과 글로 '작업'을 걸기 위해선, 그 속에 시선을 확 끌 만한 요소가 있어야 합니다. 물론 똑 부러지는 주장이 있어야 하고, 그 주장을 재미있거나 감동적이거나 강력하게 전해야 한다는 겁니다. 광고 대선배들이 인쇄광고의 헤드라인(Headline)을 중요시해온 것도 이 때문이겠지요. 어디 헤드라인뿐이겠습니까? TV와 바이럴(Viral) 광고 등의 영상매체에서 핵심이 되는 카피, 즉 키카피(Key Copy) 역시 그런 요소를 가지고 있어야 하지요. 카피는 어디까지나 카피입니다. 소비자의 관심을 끌 수 있는 말과 글로 장사를 하는 겁니다. 어떤 개인이 다른 누군가에게 말을 걸기 위해 하는 행위나 문학이 결코 아닙니다. 그것은 철저히 준비되고 의도된 결과를 염두에 둔 말과 글입니다.

그렇다면 그 카피 쓰기의 과정인 카피라이팅은, 과연 그런 '말과 글'에서 끝나는 것일까요? 광고 현장에서 카피라이터를 포함한 크리에이티브 팀의 구성원들, 즉 크리에이터들이 실제로 행하는 작업 과정을 통해 그 답을 찾아보도록 하겠습니다.

# 다람쥐들의 24시

너무 귀여운 존재로 표현했나요? 그럴 속셈으로 떠올린 상징은
아니니 가볍게 넘어가 주기 바랍니다. 광고 크리에이티브를 담
당하는 크리에이터를 '다람쥐'라고 표현한 이유는, 그들의 작업
과정이 꼭 다람쥐 쳇바퀴 돌 듯한다는 겁니다. 그래서 지겨울까
요? 단답형으로 얘기하면, 네버(Never). 전혀 그렇지가 않습니다.
왜냐하면, 돌려야 하는 그들의 쳇바퀴가 매번 새로운 것이기 때
문이지요. 단 하나도 똑같은 게 없습니다. 우선, 광고주가 빈번
하게 바뀝니다. 자주 다른 광고주를 모셔야 하고, 그때마다 크리
에이티브를 가동시켜야 할 대상 즉 아이템도 달라지게 마련입니
다. 한 광고주를 몇 년간 모시는 경우에도 상황은 다르지 않습니
다. 그들이 광고해야 할 제품이 여럿이거나 항상 신제품이 대기
하고 있으니 말입니다.

그런데 이보다도 더 중요한 건, 매번 새로운 아이디어가 요구된다는 겁니다. 단 한 번도, 이전에 나와 있는 아이디어를 제시하고 수용되는 경우가 없습니다. 그랬다가는 크리에이터로서의 생명은 끝이니까요. 한마디로, 지겨워할 새가 없는 겁니다. 이러한 상황에 겁을 먹는 사람이 크리에이티브를 하면, 단련이 될 때까지 몹시 힘든 나날을 견뎌내야 하겠지요. 비단 크리에이터뿐이겠습니까? 광고를 하는 사람들이 다 그럴 거라고 생각합니다. 그 다람쥐들의 쳇바퀴, 즉 크리에이티브 프로세스(Creative Process)를 꼼꼼하게 한번 들여다볼까요?

## ▣ 오리엔테이션

크리에이티브 팀원들은 AE로부터 오리엔테이션(Orientation)을 받습니다. AE는 해당 광고주를 담당하고 있는 '기획'을 말하고, 광고주에 대해 그 광고회사를 대표한다는 의미에서 'Account Executive'로 부르지요. AE는 이미 광고주로부터 이번 광고에 대해 일정한 정보를 받았으며, 일반적으로 광고에 필요한 자료를 수집하고 분석한 상태입니다. 그 내용을 A4 용지 한두 장 정도의 분량으로 요약 정리하는데, 이것이 바로 '애드 브리프(Ad Brief)'라는 거지요.

그러니까 오리엔테이션에는 이 애드 브리프가 제시되며, 여기에는 광고할 제품과 타겟(Target), 광고 목표 등과 함께, 가장 중요한 광고 컨셉(Ad Concept)이 명시되어 있습니다. 광고 컨셉은 AE가 도출한 그 광고의 핵심 메시지이지요. 광고회사에 따라선, 기획과 마케팅을 겸하는 AP(Account Planner)가 AE의 역할을 대신하기도 합니다. 또 광고주의 취향에 따라선, 크리에이티브 팀장 격인 크리에이티브 디렉터(Creative Director)와 팀원들이 AE와 함께 광고주로부터 직접 오리엔테이션을 받기도 합니다.

## ▓▓ 자료 수집과 분석

오리엔테이션을 받으면서, 크리에이티브 팀원들은 애드 브리프와 함께 필요한 자료들을 AE로부터 넘겨받습니다. 자료가 더 필요할 땐 추가적으로 자료를 수집합니다. 앞에서 광고주로부터 직접 오리엔테이션을 받는 경우도 있다고 했지요? 이런 경우엔, 매번 그런 건 아니지만 AE와 꼭 같이 자료를 수집하고 분석해나가기도 합니다. 어느 경우든, 그냥 넘겨받는 자료보다는 직접 찾고 한 번이라도 더 들여다본 자료가 머릿속에 더 분명하게 입력되겠지요. 일반적으로, 입력된 정보의 양이 많을수록 아이디어의 양도 많아지기 때문에, 이 부분은 중요합니다.

게다가, AE가 오리엔테이션 때 제시하는 광고 컨셉은 크리에이티브를 하는 관점에서 보면 생각이 다를 수 있는데, 컨셉은 크리에이티브의 출발점이기 때문에, 크리에이티브 팀에서도 컨셉이란 걸 고민하게 되는 겁니다. 이 경우엔 크리에이티브 디렉터 주도 하에 크리에이티브 팀원 모두가 컨셉에 관여하게 되고, 특히 해당 제품을 사용해보면서 철저히 분석하는 것은 물론, 목표로 하는 고객이 그 제품에 대해 가지고 있는 생각도 잘 읽어내야 합니다.

## ⠿ 컨셉 도출과 협의

AE가 도출한 컨셉을 '광고 컨셉'이라고 하는 반면, 크리에이티브 팀에서 도출하는 컨셉은 '크리에이티브 컨셉(Creative Concept)'이라고 불립니다. 왜 그렇게 부를까요? 크리에이티브 팀에서 제시하는 컨셉이기도 하고, 광고 컨셉에 비해 크리에이티브의 날이 더 서있어서 그러는 거겠지요. 실제로 광고 현장에서 크리에이티브 컨셉은 그런 크리에이티브적 요소를 강하게 뿜어내니까요. 물론 오리엔테이션 때 기획팀과 크리에이티브 팀이 광고 컨셉을 해당 광고의 컨셉으로 만장일치 하에 합의하게 된다면, 이 과정은 당연히 생략됩니다.

그렇지 못할 경우, 크리에이티브 팀은 기획팀 즉 담당 AE와의 협의와 조율을 통해 컨셉을 정리하고 결정해야 합니다. 그 과정이 결코 쉽지 않기 때문에, 별도의 브리프가 필요하기도 하지요.

이걸 보통 '크리에이티브 브리프(Creative Brief)'라고 부릅니다. 오리엔테이션 때 AE가 제시하는 애드 브리프(Ad Brief)와 내용상 크게 다르진 않지만, 크리에이티브 컨셉이 도출된 과정과 반드시 그것이어야 하는 논리적 근거를 일목요연하게 제시해야 하지요. 왜 컨셉이 꼭 그것이어야만 하는지를 설득하고 이해시켜야 하니까요.

## ▦ 아이디에이션과 썸네일

컨셉이 정해졌으면, 이제 아이디어를 고민해야겠지요? 크리에이티브 팀원들은 밤낮을 가리지 않고 컨셉을 바탕으로 카피와 비주얼을 아이디에이션(Ideation) 합니다. BTL을 포함한 인쇄광고의 경우엔 헤드라인, 바이럴을 포함한 전파매체인 경우엔 키카피, 그리고 이들 매체 전반을 포괄하는 프로젝트인 경우엔 헤드라인으로도 키카피로도 동시에 사용되는 키워드(Key Word) 찾기가 중심이지요. 카피라이터-'카피', 그래픽디자이너 혹은 PD-'비주얼'의 역할 분담은 이미 사라진 지 오래이기 때문에, 카피라이터는 이러한 키워드와 함께 해당 광고의 핵심 비주얼인 키비주얼(Key Visual)도 동시에 찾게 됩니다. 디자이너가 키비주얼과 함께 키워드를 찾아가듯이 말이지요.

키워드와 키비주얼은 좀 낯설지요? 이건 나중에 더 확실하게 얘기할 예정이어서, 여기선 이쯤에서 넘어가도록 하겠습니다. 자신이 찾아낸 많은 키워드와 키비주얼들이 있다면, 이제 다른 팀원들과의 커뮤니케이션 즉 회의를 위해 정리해나가야겠지요? A4 용지 한 장 정도의 분량으로 키워드와 키비주얼을 하나씩 정리하면 그게 바로 썸네일(Thumbnail)입니다. 이 썸네일들이 완성되면 크리에이티브 팀 내의 제작회의가 시작되지요.

## ▨ 제작회의와 리뷰

물론 크리에이티브 팀의 제작회의는, 팀원들 각자가 정리한 썸네일들을 대상으로 합니다. 보통 회의실 내의 모니터에 썸네일들을 하나씩 띄우면서 하거나, 프린트한 썸네일들을 회의실 벽에 빼곡히 붙여놓고 하게 됩니다. 그러니까, 절대 말로 때우려 하거나 비주얼 몇 개만 달랑 들고 나타나면 안 되지요. 크리에이티브 디렉터는 이 회의를 주도하면서 컨셉을 기준으로 삼아 썸네일들 속의 카피와 비주얼을 조정하고 좋은 아이디어들을 골라내지요. 그런 회의를 몇 차례에 걸쳐 계속하면, 복수의 후보 안(案)이 결정됩니다. 그 안들을 정리하고 다듬은 다음, 바로 기획팀과 함께 결정된 안에 대해 리뷰(Review)를 하게 됩니다.

리뷰의 최대 목적은 크리에이티브의 방향이 전반적인 광고 목표와 전략에 맞는지를 점검하는 것이고, 그 핵심은 역시 컨셉입니다. 리뷰이든 보고이든, 보통은 크리에이티브 본부장과 기획팀장 정도가 참석하지만, 회사의 규모가 작거나 여러 광고회사와 경쟁을 앞둔 경우엔 회사 중역과 대표이사까지 관여하게 되지요. 이 과정에선, 안이 무수정 통과되거나 약간의 수정만 가해질 경우도 있지만, 아이디에이션 단계부터 다시 한번 시작해야 할 경우도 생깁니다. 어느 경우이든 이 리뷰 과정은 나를 다스리는 시간이기도 하지요. 크리에이티브 팀이 제시하는 금쪽같은 아이디어들이 이런저런 이유로 난도질당하기 쉬우니까요. 그래도 두 번째 리뷰에선 보통 안이 결정되게 마련인데, 그건 왜일까요? 빙고! 이미 앞선 리뷰에서 갈아타야 할 방향이 나와있을 뿐만 아니라, 또 한 번 아이디에이션할 절대적인 시간이 없는 거지요. 광고도 경쟁 프레젠테이션도 모두 타이밍이 중요하니까요.


## ▦ 시안 제작과 프레젠테이션


최종안이 결정됨과 동시에, 크리에이티브 팀은 시안을 만듭니다. 여기엔, 여러 매체용의 시안과 함께, TV를 포함한 동영상 광고용 콘티(Continuity)가 포함됩니다. 카피 쪽은 전체 카피를, 아트(Art) 쪽은 전체 비주얼을 보완하거나 정교화하면서 이 작업을 함께 해나갑니다. 경쟁일 경우에는 동영상용으로 콘티를 편집하고 녹음을 입히기도 하지요. 이제 시안이나 콘티, 혹은 그 모든 게 함께 완성되면, 프레젠테이션(Presentation)을 통해 광고주에게 제시합니다.

프레젠테이션은 일반적으로 담당 AE의 몫이지만, 요즘은 많은 광고주들이 크리에이티브 안에 대해 크리에이티브 팀원들과 직접 협의하기를 원하지요. 대개 기획 부분을 AE 혹은 AP가, 크리에이티브 부분을 크리에이티브 디렉터가 맡으며, 팀 내에 발표의 능력자가 있다면 그 사람이 발표하기도 합니다. 명쾌하고도 인상적으로 안을 설명하기 위해 다양한 프레젠테이션 스킬(Skill)이 동원되기도 하지요. 광고 무림에는 이 프레젠테이션 스킬의 전설들이 회자되고 있습니다.


## ⠿ 제작 실행과 시사

프레젠테이션 결과, 광고주가 안을 결정해주면 그것을 실제 집행용으로 제작합니다. 그 이전, 광고주가 카피와 비주얼에 대해 수정을 요구하면, 담당 크리에이터들은 광고주의 요구사항을 반영하되 처음의 메시지를 잃지 않도록 안을 수정해야 하지요. 그리고 동영상 광고, 특히 모델이 소비자에게 얘기하는 카피 위주의 테스티모니얼(Testimonial) 광고일 경우, 카피라이터는 촬영 현장에서 일어나는 여러 돌발상황에 계속 대처해나갑니다.

촬영이 끝나면 편집과 녹음 등의 후반 작업을 거쳐 제작물이 완성되고, 광고주에게 제시 혹은 시사하게 되지요. 물론 이 과정에도 광고주는 완성물에 대해 대개 이런저런 수정을 요구하고, 크리에이티브 팀은 그 내용을 수렴해 제작물을 보완해나갑니다. 수정된 제작물의 재시사를 거쳐, 마침내 제작물은 세상에 공개되지요. 이제 다람쥐들은 한숨 돌리기 무섭게, 또 다른 광고주 혹은 제품의 광고를 시작합니다.

이 일련의 과정이 바로, 카피라이터를 포함해 모든 크리에이터라는 다람쥐들이 열심히 달리는 쳇바퀴입니다. 어때요? 분명히, 카피라이터라고 '말과 글'이라는 카피만 붙잡고 있는 건 아니지요? 아트를 담당하는 디자이너와 PD 역시 비주얼만 붙잡고 있는 게 아니듯이 말이지요. 그렇습니다. 이들 크리에이터는 컨셉을 도출하고 카피와 비주얼까지 따로 또 같이 아이디에이션

[크리에이티브 프로세스]

해나가는 게 현실입니다. 따라서 이 책의 내용 역시, 컨셉 추출을 위한 작업에서부터 카피와 비주얼을 찾고 썸네일하는 아이디에이션 과정을 현업에 가깝게 진행해나갈 계획입니다. 그것이 바로, 광고 현장에서 카피라이터가 행하는 '카피라이팅' 과정인 동시에, 오늘날의 카피라이터를 포함한 크리에이터들 모두에게 반드시 필요하고 도움이 되는 내용이니까요.

# 뉴미디어 시대의
# 크리에이티브

보통 TV, 라디오, 신문, 잡지를 전통적인 4대 매체라고 합니다. 이 4대 매체를 ATL(Above The Line)이라고 부르면서, BTL(Below The Line)과 구분 짓지요. BTL은 주로 다양한 프로모션과 이벤트를 통한 경험 마케팅, 온라인 마케팅 등을 연동해서 보다 구체적인 타겟에게 직접적인 경험과 참여를 유도하면서, 고객과의 쌍방향 커뮤니케이션을 가능하게 합니다. 거기다, 스마트폰 시대가 펼쳐지면서 디지털 매체가 대세로 자리 잡았지요. 지하철을 타고 가면서 휴대폰으로 SNS(Social Network Service)를 사용하거나 영상을 보지 않으면 오히려 이상할 정도니까요. 인터넷과 연동된 디지털 커뮤니케이션, 그중에서도 바이럴(Viral) 광고가 큰 호응을 얻고 있지요. 그렇다면, 이 같은 뉴미디어 광고들은 4대 매체 광고와는 다른 방법으로 고민해야 할까요?

결론부터 말하면, 그럴 필요가 없다는 겁니다. ATL과 BTL은 통합 마케팅 커뮤니케이션(Integrated Marketing Communication)의 큰 울타리 안에서, 하나의 목표를 위한 통일된 전략으로 전개될 때 가장 효과적입니다. 즉, 전통적인 매체 광고와 뉴미디어의 광고가 전략과 컨셉을 공유하고 그에 맞는 일관된 메시지로 진행되는 게 바람직하다는 거지요. 따라서 BTL과 디지털 광고도 따로 떼어내 고민하기보다는, ATL과 함께 혹은 같은 방향으로 아이디어를 구사해나가야 한다는 겁니다. 매체 상황과 광고 플랫폼이 아무리 다양화되고 디지털화되어도, 그건 결국 하나의 목표를 향해 가는 한 몸이며, 크리에이티브를 도출하는 방법 역시 크게 다르지 않다는 거지요. 광고주들도 캠페인을 주문할 때 ATL과 BTL이 잘 믹스된 매체 계획과 전략, 크리에이티브를 요구하니까요.

더군다나 요즘은 ATL과 BTL의 구분 자체가 무의미해져 가는 게 현실입니다. 미디어 컨버전스(Media Convergence)와 함께 디지털 매체의 부각으로 인해, 광고 역시 양쪽을 자유자재로 넘나드니까요. 바이럴 용으로 만들어진 영상물이 TV에 등장하고, TV 광고가 바이럴 매체 이곳저곳에 노출되기도 하지요. BTL 아이디어가 잡지를 활용하기도 합니다. 즉 ATL 용의 광고, BTL 용의 광고라는 구분 자체가 애매해지고 있다는 거지요. 따라서, 앞서 얘기한 다람쥐들의 크리에이티브 프로세스는 ATL의 과정인 동시에 BTL의 과정이기도 합니다. 당신이 이 책을 통해 카피와 아이디어 도출의 기본 과정을 익히게 되면, 미지의 그 어떤 매체나 광고 플랫폼이 등장하더라도 변함없이 반짝반짝 빛나는 크리에이티브를 발휘하게 되는 거지요.

자, 이제 당신도 신나는 다람쥐가 되어서 실전의 세계로 들어가볼까요?

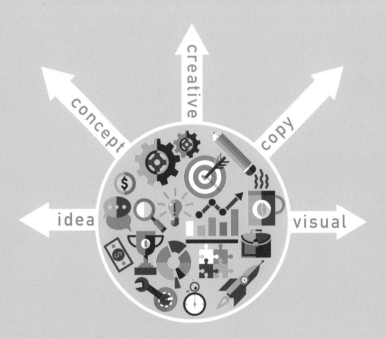

# 컨셉

# 카피 자판기

"최 카피, 우리 회사 슬로건 하나 멋지게 지어줘 봐요." 사석에서 느닷없이 이런 주문을 받을 때가 있습니다. 해주고 싶은 말 열 가지가 동시에 목구멍을 타고 용솟음치지만, 웃음으로 표정관리를 하면서 이렇게 대답하지요. 회사 슬로건은 아주 중요한 만큼, 즉흥적으로 지을 게 아니라, 회사에 대해 공부를 한 다음에 정식으로 제시하겠다고요. 싸가지 없는 광고쟁이로 생각하며 얘기를 바꾸는 사람들은 그래도 눈치가 빠른 겁니다. 그렇지 않은 사람은 기어코 그 다음의 얘기를 하지요. "카피를 그렇게 오래 썼으면, 그 정도는 식은 죽 먹기 아닌가? 뭐 그냥 자판기처럼 버튼 하나 누르기만 하면 바로 나오지 않나?" 자판기는 물건을 미리 준비해두는 기계고, 먼저 돈을 넣고 버튼을 눌러야 물건이 나오는 거라는 말, 역시 그냥 웃음으로 삼키고 맙니다.

평소에, 이런 얘기는 가끔 합니다. 음료 자판기처럼 카피 자판기 같은 게 있으면 참 좋겠다고, 누르기만 하면 카피가 툭툭 튀어나와 주면 엄청 좋을 거라고 말이지요. 음료 자판기가 동전을 집어넣고 음료를 선택하면 원하는 음료가 나오듯이, 온오프 라인을 불문하고, 일정 금액의 돈을 집어넣고 광고 품목을 선택하면 '원하는 카피'가 제시되는 겁니다. 그러나 하나의 광고 품목으로 나옴직한 그 많은 카피를 어떻게 다 제시하겠습니까? 분명히 그 카피들의 분류가 필요할 것이고, 그 분류의 기준이 될 만한 게 '무엇'에 대해 얘기할지의 '컨셉'이 될 겁니다. 그런 단계가 있어야, 구매자가 원하는 카피를 일목요연하게 제시할 수 있을 테지요.

컨셉을 다루는 처음에 이 얘기를 하는 이유는 명확합니다. 정말 카피 자판기가 존재한다면, 그 과정엔 컨셉이라는 존재가 요구된다는 겁니다. 더 줄여서 얘기하면, 카피 앞에 컨셉이 있다는 거지요. 어디 카피뿐이겠습니까? 광고 크리에이티브의 기본 틀은 바로 이 컨셉입니다. 카피를 잘 쓰려고 하면서 왜 컨셉부터 먼저 알아야 하는지, 그 이유가 여기에 있습니다. 명백하게도, 광고에 있어서 카피는 크리에이티브의 한 부분이고, 컨셉 없는 크리에이티브는 진정코 '개 풀 뜯어먹는 소리'밖에 안 되니까요. 요즘 디지털 광고계 쪽에선 카피라이터를 '컨셉터(Concepter)'라고 부르기도 하는데, 그만큼 카피의 세계에서 컨셉이 중요하다는 걸 대신 말해주고 있는 거겠지요.

# 크리에이티브 기반 다지기

다람쥐들의 크리에이티브 프로세스 중 '컨셉 도출과 협의' 과정
을 얘기하면서 크리에이티브 컨셉에 대해 얘기했지요? 보통 컨
셉은 크게 두 가지, 그걸 다시 나눠보면 네 가지 정도로 분류됩
니다. 먼저, A라는 제품을 만들어 시중에 유통시키는 기업 내
부에서 통용될 만한 컨셉이 있습니다. 그걸 세부적으로 나눠보
면, 개발자들이 처음에 A를 연구하고 제품을 만들어낼 때의 컨
셉이 있고, 그것을 '제품 컨셉(Product Concept)'이라고 하지요. 그
렇게 해서 A란 제품이 탄생하면, 그에 어울리는 이름을 결정해
패키지에 붙이고 세상에 내놓습니다. 이름 즉 브랜드를 만들려
면 담당 마케터의 관점에서 A가 어떤 제품인지 규정하는 작업이
선행되어야지요. 이때 규정된 컨셉, 그것을 '브랜드 컨셉(Brand
Concept)'이라고 부릅니다.

이제, 광고회사가 A의 광고를 의뢰받았습니다. 담당 AE는 자료 수집과 분석을 통해 자신이 추출한 '광고 컨셉(Ad Concept)'을 크리에이티브 팀에 제시합니다. 그 컨셉에 대해 크리에이티브 팀과의 합의가 이루어지면, 크리에이티브 팀은 바로 아이디에이션으로 들어갑니다. 그러나 그렇지 못한 경우엔, 크리에이티브 팀에서 '크리에이티브 컨셉(Creative Concept)'을 제시하게 되고, 이에 대한 조정과 협의 과정을 거치게 되지요. 크리에이티브 컨셉은 크리에이티브 팀에서 제시하는 컨셉이며, 광고 컨셉에 비해 크리에이티브의 날이 서있다는 얘기, 기억하지요?

그러니까, 광고에 대해 알아가거나 광고인으로 일하고 있는 당신이 주로 접하는 컨셉은, 광고 컨셉이거나 크리에이티브 컨셉이라는 얘기입니다. 이 경우, 일반적으로 컨셉은 그 광고가 말하려 하는 것, 즉 'What to say'라고 정의하지요. 'Concept= What to say'라고 반드시 기억해두어야 할 내용입니다. 광고를 해나가면서 마르고 닳도록 자주 듣는 얘기지만, 너무 당연하게 여겨져서 오히려 잊어버리거나 쉽게 간과하게 되니까요.

이러한 컨셉은 제품과 시장, 소비자의 분석을 통해 추출되며, 뒤이어 카피와 비주얼을 뽑아내는 아이디에이션 작업의 기반이 됩니다. 그러니까 크리에이티브의 망망대해로 풍덩 뛰어들어가기 전에, 가장 먼저 이 세 가지부터 반드시 분석해봐야 한다는 의미이기도 하지요. 이들 세 가지를 간단히 요약해볼까요?

첫째, 제품(Product). 정확히 말하면 제품 혹은 서비스를 말합니다. 이들에 대한 정보를 수집하고 분석해서, 그것이 소비자에게 줄 수 있는 가장 명확한 편익을 찾아내는 것이지요. 둘째, 시장(Market). 그 제품 혹은 서비스가 속해 있는 시장을 말하며, 시장 내 다른 제품과의 경쟁과 광고 상황을 분석해봅니다. 분석을 해나가다 보면, 시장을 더 좁히거나 틈새시장을 노리거나 심지어는 다른 시장으로 옮겨가는 경우도 생기게 되지요. 셋째, 소비자(Consumer). 그 제품 혹은 서비스를 사용할 만한 소비자를 연구하고 목표로 하는 고객으로 좁혀 들어갑니다. 그 고객은 무엇을 원하고 있는지 알아내고, 그 무엇이 제품의 편익과 어떤 연관성이 있는지를 포착해내는 게 중요하지요.

이러한 세 가지를 철저히 분석해서, 제품의 시장 내 위치와 문제점을 파악하고, 소비자 관점에서 그 문제점을 해결해나가는 겁니다. 이제 이러한 제품, 시장, 소비자의 분석에 대해 한 단계 더 깊이 들어가보겠습니다.

# 컨셉 도출을 위한 작업

컨셉은 보통 '도출한다'거나 '추출한다'거나 '뽑아낸다'거나 '찾아 낸다'고 말합니다. 이 책에선 그 모든 표현을 다 사용하지만, 개인 적으로 컨셉은 '찾아내는 것'이라고 생각합니다. 늘 컨셉을 고민 하다 보니, 이 컨셉이 어떤 틀 속에 숨어있더라는 거지요. 숨어있 는 그것을 찾아내는 것, 그게 바로 컨셉 도출이라는 얘기입니다.

그럼 그것이 숨어있는 틀은 어디일까요? 눈치챘다고요? 예, 바로 앞에서 말한 제품, 시장, 소비자의 분석 정보 속이지요. 이 세 가지의 분석이 왜 꼭 필요한지를 보여주는 증거이기도 합니 다. 일반적으로 광고는 제품광고, 기업광고, 공익광고로 크게 나 눠볼 수 있고, 제품광고의 '제품' 속에 '서비스'를 포함시키지요. 그래서 이 책에서는 광고의 기본인 제품광고 위주로 과정을 진 행해나갈 것이고, 그 속엔 서비스광고도 포함되어 있다는 사실 을 미리 알려드립니다.

## ⠿ 제품 분석으로 소비자 편익 찾기

　광고 제품과 브랜드에 관련된 다양한 자료를 모으고 분석합니다. 우선, 해당 제품을 직접 사용해보고 경쟁하는 제품도 동시에 비교해가며 경험해봐야 하지요. 거기다 주변 사람들의 사용 의견과 인터넷 상의 제대로 된 사용 후기도 참고합니다. 필요할 땐, 제품의 주인인 기업에 대해서도 공부합니다. 이렇게 제품을 분석하면서, 이 제품이 소비자에게 어떤 혜택을 줄 수 있는가 하는 소비자 편익(Consumer Benefit)을 도출합니다. '편익'이란, 제품의 속성과 관련해 소비자가 주관적으로 느끼는 효용, 혹은 소비자가 그 제품의 사용을 통해 바라는 주관적 보상과 기대치를 말합니다.

　일반적으로 소비자 편익은 네 가지로 구분됩니다. 첫째, 기능적 편익으로, 제품의 기본적인 성능이나 유용성을 말합니다. 예를 들면, 다리미가 잘 다려진다거나 청소기가 먼지를 잘 빨아들이는 것이지요. 둘째는 상징적 편익입니다. 그 제품을 구매해서 소유한 소비자가 얻게 되는 우월성을 말합니다. 명품 가방이나 최고가의 자동차가 주는 고급감 같은 걸 말하지요. 셋째는 경험적 편익입니다. 그 제품을 경험함으로써 소비자가 느끼게 되는 연상적 효과를 말합니다. 음식이나 음료의 맛과 향 같은 게 이에 해당되지요. 넷째는 경제적 편익입니다. 사은품, 옵션, 저가 등으로 가격 인센티브 면에서 소비자가 얻게 되는 편익을 말합니다.

요즘은 하나의 제품에도 여러 가지 편익이 중첩되어 있기 때문에, 우리는 제품 분석을 통해, 이러한 편익들 중 어떤 것을 강조할지를 정하게 됩니다. 커피를 예로 든다면, 맛과 향, 카페인 정도, 고급감 등의 여러 편익 중에서 하나를 선택하는 거지요. 그리고 이 선택은 바로 이어서 얘기하는 시장 내 포지션(Position)과 타겟의 인사이트(Insight)와 긴밀하게 맞물려 있습니다.

## ▪▪ 시장 분석으로 문제점 점검

광고 제품이 포함된 시장의 경쟁 상황을 조사하고 분석합니다. 해당 제품과 경쟁 제품들이 차지하고 있는 시장점유율(Market Share)과 시장 내 위치를 확인하고, 그 시장의 유통 채널과 특성 등을 알아봅니다. 판매가 주로 편의점에서 이뤄진다면, 그곳을 드나들어보는 건 물론이고, 정보가 부족할 땐 광고주와 직접 접촉해보는 것도 하나의 방법입니다. 이렇게 시장을 분석하는 이유는 바로, 제품이 현재 취하고 있는 시장 내 포지션을 확인 점검해보고, 시장의 변화 추이를 보면서 문제점을 점검하며, 필요하다고 판단될 때엔 시장을 더욱 세분화하고 그 포지션을 다시 정해 기회를 찾기 위해서입니다. 시장 내 포지션을 다시 정한다면, 당초 광고주가 제시한 그 광고의 목표도 달라지겠지요.

시장 세분화(Market Segmentation)는 말 그대로 시장을 더 쪼

개어 들어가는 것으로, 경쟁이 치열한 시장 내에서 서브시장 (Submarket)이나 틈새시장(Niche Market)을 찾아내기도 합니다. 특히, 틈새시장은 기존의 시장에서 그 존재가 잘 알려져 있지 않은 숨은 시장(Hidden Market)을 의미하며, 요즘처럼 경쟁 제품들로 포화 상태인 시장에서 공략 가능한 새로운 영역을 찾아내는 것을 말합니다. 이 같은 시장 세분화와 함께 중요한 개념이 포지셔닝(Positioning)입니다. 광고에 있어 포지셔닝은, 시장 내에 어떤 제품을 위치시키는 것, 혹은 소비자의 마음 속에 어떤 브랜드를 위치시키는 것을 의미하지요.

이 포지셔닝은 시장 내 경쟁 제품들과의 관계가 전제되기 때문에, 포지셔닝을 점검하거나 새롭게 할 때는 그들 제품들과의 '상대적'인 관계와 소비자 편익을 잘 따져봐야 합니다. 가령, 경쟁사 라면들이 '면발'로 포지셔닝 했다면, 이제 우리 제품은 '국물 맛'으로 포지셔닝 하겠다는 상대성 말입니다. 물론, 이 포지셔닝 역시 타겟의 인사이트와 연관되어 있고, 광고 목표와도 연동되지요. 가령, 지금까지의 광고 목표가 '강화된 면발 고지를 통한 브랜드 인지도 상승'이라면, 새로운 광고 목표는 '색다른 국물 맛 고지를 통한 브랜드 리런칭(Re-launching)'이 되겠지요. 왜냐하면 이 정도로 포지셔닝에 변화를 주는 것은 브랜드를 새롭게 런칭하는 것만큼이나 대단한 일이니까요. 광고에 있어서 런칭(Launching)이란, 완성된 광고 제작물을 매체에 처음으로 개시하는 것을 말합니다.

이러한 상대성은 자사와 경쟁사의 광고 분석을 통해서도 반드시 확인해봐야 합니다. 광고를 분석해보면 제품의 시장 내 현재 포지셔닝도 더욱 명확해지고, 앞으로 컨셉과 크리에이티브의 방향을 어떻게 차별화(Differentiation)할 것인가 하는 해답도 얻을 수 있으니까요. 하나의 캠페인 영역 속에서 오랫동안 컨셉과 크리에이티브를 동일하게 가져간다면 문제가 없지만, 많은 광고주들이 계속 컨셉과 크리에이티브를 바꿔가기 때문에, 차별화라는 점을 무시할 수가 없는 거지요. 열심히 컨셉을 내고 아이디어를 완성해서 제시했는데, '어? 이거 3년 전에 경쟁사가 했던 광고 방향인데?' 하는 얘기를 광고주로부터 듣게 된다면 어떻게 될까요? 생각만 해도 아찔하지 않습니까?

## ▚ 소비자 분석으로 타겟 인사이트 추출

제품과 광고가 모든 소비자들을 목표로 하는 건 아니지요. 그래서 우리는 시장을 쪼개기도 하고 숨은 시장을 찾아내기도 합니다. 분명, 광고는 모든 소비자 중에서도 그 어떤 사람들을 설득해서 물건을 사도록 합니다. 여기서 바로 '그 어떤 사람'이 목표 고객 즉 타겟(Target)이지요. 사전에선 '표적, 대상'이라고도 번역되는 이 타겟은 이미 확실하게 정해져 있기도 하지만, 그 확장이나 변경 또한 만만치 않게 시도됩니다. 물론 이것은 포지셔닝과 밀접한 관계가 있어서, 시장 내 혹은 소비자의 마음속 포지셔닝이 바뀌게 되면, 타겟도 당연히 수정을 요구받게 되지요.

타겟을 그대로 갈 때도 변경할 때도, 중요한 것은 설정된 타겟의 인사이트를 추출하는 일입니다. 'Insight'는 '통찰' 혹은 '통찰력'으로 번역되는데, 광고에서 타겟 인사이트(Target Insight)란, 타겟이 그 제품에 대해 가지고 있는 관심과 생각을 말하며, 더나아가 타겟이 그 제품의 카테고리에 대해 느끼는 문제점과 해결방안을 폭넓게 언급하는 개념입니다. 물론 여기에선 그 타겟의 심리가 핵심이며, 실생활에서 살아가고 있는 '인간'에 대해 고민하고 해당 제품이 어떻게 그들의 삶에 작용할까를 연구해야하는 거지요.

돈을 들여서 FGI(Focus Group Interview)를 할 수 있다면 이 인사이트를 다각도로 알차게 관측할 수 있지만, 그렇지 않아도 실망할 필요는 없습니다. 우리에겐 SNS와 인터넷이 있으니까요. 요즘은 미리 설문 내용을 준비한 후에, 타겟에 해당되는 사람들을 단체방에 모셔 들이고 질문과 수다를 떨다 보면, 그들의 인사이트가 만만찮게 채집되거든요. 또 구매 현장에서 이들의 소리를 채집할 수도 있으며, 그 결과 그들이 그 제품에 대해 어떤 문제점들을 느끼고 있고 구체적으로 원하는 게 뭔지를 알아내게되는 거지요.

컨셉 도출을 위한 작업

1) 제품 분석으로 소비자 편익 찾기: 기능적·상징적·경험적·경제
   적 편익
2) 시장 분석으로 문제점 점검: 시장 세분화, 포지셔닝, 차별화
3) 소비자 분석으로 타겟 인사이트 추출: FGI, 인터넷, SNS 조사

여기까지가 제품, 시장, 소비자의 분석을 통해, 그 제품이 가진 소비자 편익, 시장 내의 문제점과 포지셔닝, 광고 목표와 차별화, 그리고 타겟 인사이트를 점검하고 도출하는 과정입니다. 광고 현업에선 광고주, AE, AP에게서 받은 정보와 자신이 찾은 정보를 병행해나갈 수 있지요. 그럼에도 이 작업, 사실 조금 어렵고 꽤 복잡해 보이지요? 그래서 그 내용들을 일목요연한 표로 정리할 필요가 생기는 겁니다. 이름하여, 크리에이티브 브리프라는 거지요.

# 한 장의 비밀병기

크리에이티브 브리프(Creative Brief)는, 1장의 크리에이티브 프로세스 중 세 번째 과정인 '컨셉 도출과 협의'에 등장했었지요? 이 크리에이티브 브리프는, AE가 쓰는 광고 브리프(Ad Brief) 만큼이나 형식도 각 항목도 광고회사마다 사람마다 다릅니다. 또 일정이 촉박하다든지, 광고 규모가 작은 경우에는 크리에이티브 브리프 자체를 건너뛰기도 하며, 아예 이 브리프 자체가 존재하지 않는 광고회사도 있습니다. 지금 제시되는 크리에이티브 브리프는, 광고회사들의 크리에이티브 브리프를 참조하고, 그동안 카피라이터로 일하면서 컨셉 도출을 위해 이것만은 확실히 해야겠다 싶은 내용, 즉 '컨셉 도출을 위한 작업'의 내용들을 수용해서 다듬은 겁니다.

이제, 분석해낸 그 날것의 내용들을 크리에이티브 브리프라는 틀에다 깔끔하게 정리하는 단계입니다. 분량은 A4 용지 한 장을 넘지 않습니다. 그러면 내용이 한눈에 들어오고, 그래서 그 브리프를 들여다보며 계속 생각하면서 컨셉을 찾아내는 단계로 자연스럽게 진입하는 겁니다. 물론 이 단계의 브리프엔 크리에이티브 컨셉이 적혀있지 않습니다. 그건 아직 모습을 드러내지 않았으니까요. 즉 브리프 상의 크리에이티브 컨셉 이전 칸까지 채우라는 거지요.

크리에이티브 컨셉 아래 칸의 톤 앤 매너(Tone & Manner)는 작성자 본인이 생각하는 광고 전반의 분위기를 말합니다. 크리에이티브 가이드라인(Creative Guideline)은 이어지는 키워드와 키비주얼의 아이디에이션 작업에 대해 본인이 말하고 싶은 점들을 간략히 적는 겁니다. 하나 강조하고 싶은 건, 이 브리프가 일목요연하게 정리되려면, 그 이전의 분석이 확실해야 한다는 겁니다. 비밀병기가 헐렁하게 준비된다면 가치도 없고 재미도 없겠지요. 이 과정은 크리에이티브의 방향을 결정짓는 단계이기 때문에, 그만큼 자료 수집과 분석에 심혈을 기울일 필요가 있다는 점, 다시 한 번 강조합니다.

| Creative Brief | | | |
|---|---|---|---|
| 광고주 | | 작성일 | |
| 브랜드 | | 작성자 | |
| 매체 | | | |
| 제품 특성/<br>소비자 편익 | | | |
| 시장 상황/<br>문제점·기회<br>Positioning | | | |
| 광고 분석/<br>차별화 | | | |
| 타겟/<br>Target Insight | | | |
| 광고 목표 | | | |
| Creative<br>Concept<br>(Reason-why)) | | | |
| Tone & Manner | | | |
| Creative<br>Guideline | | | |
| 일정 | | | |

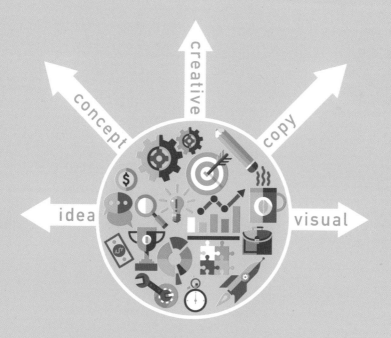

# 컨셉 도출

# 컨셉 발상의 과정

크리에이티브 브리프를 작성하는 이유는, 컨셉을 제대로 찾아내기 위해서입니다. 모든 위대한 발견은 심플한 목표와 내용 속에서 가능한 거니까요. 굳이 위대한 발견까지 거론하지 않더라도, 많은 내용이 머릿속에 혼재해있거나 노트 여기저기에 뒹굴고 있다면, 아무래도 거기서 결정적인 무언가를 찾아내기란 그만큼 어려워지는 거 아니겠습니까? 천재들의 책상이 '어지럽다'는 얘기가 있는 만큼, 광고 천재들에겐 해당되지 않는 얘기겠지만 말입니다. 어쨌든 소비자 편익에서 광고 목표까지를 정리해놓은 다음에 계속 들여다보고 생각하면, 처음엔 전혀 머릿속에 존재하지 않던 컨셉이 당신의 머릿속에 뜸을 들여가면서 하나씩 떠오르게 됩니다.

　제품, 시장, 소비자에 대한 자료를 분석해서 문제점과 핵심 사항들을 뽑아내고 브리프로 정리하는 단계는 상당 부분 논리와 이성적 판단이 요구됩니다. 그렇다면, 브리프의 내용을 보며 크리에이티브 컨셉을 찾아내는 단계는 어떨까요? 공식에 의해 수학 문제를 풀듯 논리적 풀이로 해결될까요? 궁극적인 목표가 문제의 해결이든 새로운 방향의 제시이든 간에, 그 과정과 결과를 볼 때, 컨셉은 이미 아이디어라고 보는 것이 합당합니다. 브리프를 앞에 두고 고민하는 아이디에이션 과정에다, 컨셉이 크리에이티브할수록, 그에 바탕한 키워드와 키비주얼도 그만큼 크리에이티브해지는 결과를 수없이 경험하고 있으니까요.

오스본(A. F. Osborn)은 창의성을 '문제 해결의 과정'으로 보았습니다. 그는 '창의적 문제 해결의 6단계' 중 핵심인 네 번째 단계를 '아이디어 찾기'로 두면서, 아이디어란 해결해야 할 문제들을 찾아내고 그 우선순위를 정한 다음, 실현 가능한 해결방법을 찾아내는 것으로 언급했지요. 또, 홀먼(R. H. Hallman)은 창의성을 '기존 요소들 사이의 새로운 관계를 찾아내는 능력'으로 보았습니다. 즉, 이미 존재해 있는 요소들을 결합해 다른 관계를 산출해내는 거라는 말이지요. 카피라이터 제임스 웹 영(James Webb Young) 역시, 아이디어란 어느 정도 과거 요소의 새로운 조합에 지나지 않는다고 하면서, 아이디어 발상은 다음과 같은 5단계를 거친다고 정리했습니다. 이러한 5단계를 컨셉 도출과 관련시켜 보도록 하지요.

첫째, 자료 수집 단계. 제품과 시장, 소비자에 대한 자료를 모으고 분석하는 진입 단계입니다. 둘째, 자료 숙지 단계. 앞에서 분석한 내용을 크리에이티브 브리프로 요약하고 그것을 숙지하게 됩니다. 셋째, 자료 배양 단계. 브리프의 내용들이 서로 조합하면서 새로운 관계를 형성해가는 시간을 가지는 단계이지요. 넷째, 아이디어 생성 단계. 앞의 단계를 지나오면서 컨셉이 하나둘 떠오르게 되고, 어디에든 그것을 기록하게 됩니다. 다섯째, 아이디어 숙성 단계. 생성된 컨셉들을 다듬고 키우고 결합해서 완벽하고 강력한 컨셉이 되도록 정리합니다.

이때 한 가지 분명히 해둘 것은, 들이는 시간과 노력, 즉 농업적 근면성에 비례해서 결과물이 도출된다는 사실입니다. 계속 크리에이티브 브리프의 내용을 들여다보고 이것저것 발상하다 보면, 책상 앞에서는 물론이고 샤워하다가, 길을 걸어가다가, 버스를 타고 가다가, 심지어는 꿈속에서도 그 컨셉이란 존재가 나타나준다는 거지요. 어쨌든, 그 귀한 컨셉들이 나타나면 바로 영접해야겠지요? 잊어버리기 전에 컨셉을 브리프 뒷면이든 노트이든 휴대폰 메모이든 간에 잽싸게 기록해두는 겁니다. 그렇게 가능한 시간 동안 계속 고민하면 몇 개의 컨셉이 나옵니다.

# 크리에이티브 컨셉의 탄생

이제 그 컨셉들 중의 하나를 결정해야지요? 기록된 몇 개의 컨셉에서 한 개를 선택해서 브리프의 '크리에이티브 컨셉' 자리에 적는 거지요. 물론 이때의 선택 준거는 역시 크리에이티브 브리프입니다. 자신이 정리한 브리프의 내용을 다시 확인하고, 그 내용에 부합하면서 시장 상황의 문제점을 해결하며, 크리에이티브의 날이 서있는 걸 골라야 합니다. 왜냐하면, 크리에이티브 컨셉은 브리프를 통해 태어난 동시에, 보다 '크리에이티브한' 컨셉이니까요.

자, 이제 정리를 해보지요. 크리에이티브 브리프는 크리에이티브 컨셉이 도출된 과정과 반드시 그 컨셉이어야 하는 논리적 근거를 제시할 수 있어야 한다는 얘기, 기억하는지요? 바로 1장의 '컨셉 도출과 협의'에서 나온 내용입니다. 따라서 선택한 컨셉을 중심으로 크리에이티브 브리프의 전체 내용을 다듬어주고 중요한 부분은 어떤 방법으로든 강조를 하는 거지요. 혼자 하는 작업일 땐 이 다음에 오는 아이디에이션 과정을 위해서, 팀 단위로 작업할 땐 팀원들을 이해시키고 설득하기 위해서 말입니다. 물론 현업에선 크리에이티브 팀원들과 담당 AE를 설득하기 위해서이지요. 물론, 그 컨셉이어야 하는 근거를 더 확실히 하고 싶을 땐, 크리에이티브 컨셉 아래에 그 이유(Reason-why)를 간단명료하게 첨언하기도 합니다.

컨셉을 선택하다 보면, 크리에이티브의 가능성은 타의 추종을 불허한다 싶을 정도로 도드라지는데, 애초의 브리프 내용에선 살짝 비껴가는 컨셉이 보이는 경우도 있습니다. 그럴 땐 어떻게 할까요? 그냥 버리기엔 너무 아깝지 않습니까? 이런 경우엔, 메인이 되는 컨셉에 더해 독보적인 그 컨셉도 과감히 선택하고, 브리프 내용을 그 컨셉에 맞게 살짝 다듬어줍니다. 때때로 이런 컨셉이 효자 노릇을 톡톡히 해주는 걸 경험하거든요.

그런데, 무슨 수를 써도 컨셉이 계속 숨어서 나타나지 않는다, 그러면 이렇게 해보는 것도 방법입니다. 제품이 줄 수 있는 소비자 편익과 타겟 인사이트라는 게 있지요? 이 둘을 결합해보는 겁니다. 사실 한 카테고리 속의 제품들이 소비자에게 주는 편익이 유사하거나 똑같기까지 한 요즘엔, 타겟 인사이트에서 많은 아이디어를 뽑아내게 되는데, 이 방법 또한 그런 거지요. 편익과 타겟 인사이트의 교집합, 즉 이 둘이 겹치는 내용이 있다면, 그

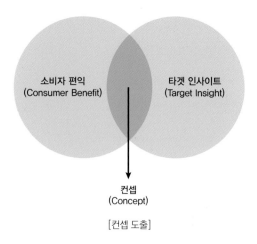

소비자 편익
(Consumer Benefit)

타겟 인사이트
(Target Insight)

컨셉
(Concept)

[컨셉 도출]

걸 컨셉으로 꺼내는 겁니다. 약식이긴 하지만, 급할 땐 요긴한
방법입니다.

컨셉 도출 과정을 마무리하면서, 광고 입문자들의 크리에이티
브 브리프를 사례로 제시합니다. 백문이 불여일견이라고, 설명에
설명을 더하기보다 실제로 작성된 크리에이티브 브리프들을 보
는 게 브리프 작성과 컨셉 도출을 이해하는 데 더 도움이 되리라
믿습니다. 아울러, 이 브리프들은 다음 과정들마다에 제시될 사
례들의 바탕이 됩니다. 여기에 제시된 각각의 컨셉으로 키워드와
키비주얼 과정이 이어지고, 그것들 역시 사례로 제시되니까요.
다만, 브리프 중에는 시간의 경과로 인해, 제품에 따라선 지금의
상황과 잘 맞지 않는 경우도 있습니다. 이 점, 감안하고 봐주길
부탁합니다.

마지막으로 하나 더 주목할 게 있지요. 사례들을 보다 보면,

컨셉이 모두 형용사(형)+명사(형)으로 되어 있는 걸 발견하게 될 겁니다. 광고 후학들 중에는, 컨셉과 그다음에 이어지는 키워드 혹은 카피를 구분하기 힘들어하는 사람들도 있단 걸 알게 되었습니다. 그도 그럴 것이, 양측 모두 결국엔 말과 글로 표현되니까요. 그래서 컨셉은 어떤 생각을 정의 내리고 규정 짓는다는 관점에서, 이 형용사(형)+명사(형)의 형식을 취할 것을 그들에게 주문합니다. 그렇게 하니까, 최소한 컨셉 자리에 카피를 써놓지는 않더라는 얘기입니다. 현업에선 강요하면 안 되는 방법이긴 하지만, 나중에 키워드를 쓸 때 헤매지 않아도 되는 썩 괜찮은 방법이니, 기억해둬서 손해 볼 건 없을 겁니다. 물론, 키워드 혹은 카피를 쓸 땐 어떤 문장 형식도 가능하지요.

| 광고주 | 롯데칠성음료 | 작성일 | |
|---|---|---|---|
| 브랜드 | Hot6ix | 작성자 | A |
| 매체 | TV CM, 인쇄광고, BTL | | |

| 제품 특성/<br>소비자 편익 | • 천연 카페인 '과라나' 함유.<br>• Sleek Can으로 Grip감이 좋고 휴대하기가 편하다.<br>• 여러 제품군(라이트, 후르츠) 출시로 소비자의 선택 폭이 넓다.<br>• 순수 국산 홍삼/가시오가피 함유로 소비자의 **건강을 생각**하였다.<br>• 머리가 좋아지고 스트레스를 해소하며 **피로감을 회복**.<br>• 타우린 1,000mg과 비타민, 아미노산까지 함유해 **체력이 보강**된다. |
|---|---|
| 시장 상황/<br>문제점·기회<br>Positioning | • 현재 국내 에너지 음료 시장은 성장 단계로 평가된다.<br>• 핫식스 구매자의 41%는 **20대**, 23%는 10대로 젊은 층 선호도가 높다.<br>• 비슷한 성분의 제품이 많아 에너지 음료 시장 내 경쟁이 치열하다.<br>• 높은 카페인양 때문에 사회적 이슈가 되며 건강상의 이슈로 인한 에너지 음료 시장 전반의 위기가 상존한다.<br>• 핫식스는 작년 매출액이 460억 원으로 치열한 경쟁에도 국내 에너지 음료 시장의 **독보적인 1위**이며, **에이스로 자리매김**했다. |
| 광고 분석/<br>차별화 | • 핫식스와 레드불이 활발한 광고 활동.<br>• 핫식스는 젊은 층의 핫이슈인 밤샘과 과제, 취업을 소재로 지친 청춘들에게 '정신 차려'라는 메시지를 유머러스하게 담고 있다.<br>• 레드불 또한 '공부할 때', '직장에서' 마신다고 이야기한다.<br>• 핫식스는 '경쟁'이라는 키워드와 맞물려 살아남기 위해 노력하는 **이 시대 2030** 이미지와 부합하고 있는 반면, 여타 에너지 음료 제품은 '피곤할 때 먹고 힘내'라는 메시지로 획일화되어 있다.<br>• 따라서, **핫식스**는 청춘들이 겪는 '**경쟁에서 살아남음**'을 유지하면서, 더 나아가 이를 '**최고가 되다**'의 메시지로 **발전**시켜, 획일화되어가는 타 브랜드와 차별화할 필요가 있다. |
| 타겟/<br>Target Insight | **과제와 학업, 업무에 지쳐가는 20-30대**<br>• 그럼에도 열정이 가득하고 파이팅 정신이 넘친다.<br>• 목적을 달성하는 것은 물론 최고의 결과를 지향한다.<br>• 자신의 건강을 중요시하며 이성에도 관심이 많다.<br>• 에너지 드링크가 낯설지 않고 밤샘에 익숙하다. |
| 광고 목표 | '청춘'이라는 소비자 가치를 유지하고 '1등, 최고, 일인자'라는 브랜드 위상과 결합하여 경쟁 브랜드와 차별화한다. |
| Creative<br>Concept<br>(Reason-why) | **지치지 않는 에이스의 힘** |

| 광고주 | 롯데칠성음료 | 작성일 | |
|---|---|---|---|
| 브랜드 | 핫식스 | 작성자 | B |
| 매체 | TV CM, 인쇄광고, BTL | | |

| 제품 특성/<br>소비자 편익 | <ul><li>2010년부터 불어닥친 에너지 드링크의 열풍</li><li>저렴한 가격(레드불의 1/2)</li><li>뛰어난 품질(가시오가피, 홍삼 농축액)</li><li>인공색소 사용하지 않음</li><li>부드럽고 대중적인 맛</li><li>**파란색 패키지**가 인상적임</li><li>에너지 드링크 중 가장 적은 카페인 함유량(60mg)으로 부담이 덜함.</li></ul> |
|---|---|
| 시장 상황/<br>문제점·기회<br>Positioning | <ul><li>에너지 드링크 시장은 성숙기에 접어든 상황</li><li>에너지, 비타민 드링크가 기능성 음료 시장을 주도</li><li>퓨전 음료와 신제품 개발 등으로 마켓 포지셔닝 강화해감.</li><li>M/S(%): 핫식스(62) 〉 레드불(18.3) 〉 번인텐스(6.6) = 볼트(6.6)</li><li>핫식스 구매자의 41%가 20대로 가장 높음.</li><li>따라서, 에너지 드링크에 대한 거부감이 적은 젊은 타겟에 집중을 요함.</li></ul> |
| 광고 분석/<br>차별화 | 핫식스, 레드불이 시장 주도권을 놓고 활발한 광고 활동 전개<br><ul><li>핫식스 패키지의 파란색이 청춘을 의미한다는 것을 강조하며, 이를 다소 과장된 웃음 유발 소재로 전달함.</li><li>레드불은 열정으로 인간의 한계를 뛰어넘는다는 메시지를 진지한 톤으로 전달.</li><li>이 코드의 차이는 차별화 관점에서 더욱 발전시킬 필요 있음.</li><li>따라서, 패키지의 **파란색(청춘)**으로 레드불과 차별화할 것.</li></ul> |
| 타겟/<br>Target Insight | **주어진 일을 끝내야 마음 편할 수 있는 청춘세대**<br><ul><li>겉으로 여유 있는 척하지만, 마음속으로는 해야 할 일들에 대한 두려움과 걱정이 크다.</li><li>자신의 성격보다 능력을 인정받길 갈구하며 현재의 목표는 취업, 승진 등</li><li>쌓이는 스트레스는 흡연이나 춤, 음주 등 자극적인 것으로 푼다.</li><li>그래도 목표 달성에 가장 중요한 것은 **인내와 끈기**라고 여기며, 오늘을 열심히 산다.</li></ul> |
| 광고 목표 | 레드불과 뚜렷하게 대비되는 핫식스만의 코드와 메시지를 전달한다. |
| Creative<br>Concept<br>(Reason-why) | **청춘을 빛내는 끈기**<br>(파란색 패키지 캔의 청춘과, 끈기 있게 도전하는 자만이 빛날 수 있다는 인사이트를 연결함) |

| 광고주 | 광동제약 | 작성일 | |
|---|---|---|---|
| 브랜드 | 광동 옥수수수염차 | 작성자 | C |
| 매체 | TV CM, 인쇄광고, BTL | | |
| 제품 특성/<br>소비자 편익 | • 깔끔한 맛, 구수한 맛. 제품의 맛과 어울리는 깔끔한 글씨체와 동양적 느낌의 패키지, 0kcal를 강조<br>• 제약회사에서 옥수수수염을 음료로 개발, 건강한 이미지<br>• 340ml가 메인 판매 제품. 그러나 캔이나 1.5L 팻도 판매하고 있음.<br>• 옥수수수염차는 **고혈압**에 효과적. **숙취해소, 해열**의 효능이 있다. | | |
| 시장 상황/<br>문제점·기회<br>Positioning | • 주스나 탄산음료 시장에 대비해 차 시장의 수요가 증가<br>• 웰빙 트렌드와 전통음료의 조화로 새로운 시장 창출 성공<br>• 2007년 차 음료 시장성장률 1위에 이르러, 현재 경쟁사 제품인 17차나 하늘보리 등을 이기고 1위를 차지함.<br>• 2010년 말부터 해외에 수출, 패키지 디자인은 한국 제품과 동일함. 특히 대만 소비자들에게 좋은 반응을 얻고 있음.<br>• 차 시장 분야가 성공한 건 사실이나, 그 수요가 계속 증가할지는 미지수. 따라서, 광고가 **누구를 타겟으로** 어떻게 하느냐가 중요. | | |
| 광고 분석/<br>차별화 | • 스타 모델들을 사용하여 카피 위주로 잔잔하게 구성, 시청자에게 편안하게 다가갈 수 있도록 함.<br>• 경쟁사 17차는 '전지현'을 광고 모델로 사용하여 섹시하고 청순한 톤. 바디라인을 강조하여 여성 소비자들의 이목을 끔.<br>• 그러나 옥수수수염차와 17차 모두 20대 여성을 타겟으로 하고 있어 소비자가 두 제품을 구별할 수 있는 차별점은 크지 않음.<br>• 따라서, 마케팅/광고 상의 **타겟 확장**이 필요한 시점이다. | | |
| 타겟/<br>Target Insight | **스트레스가 심한 30-50대 초반 직장인 남성**<br><br>• 업무와 회사 내 인간관계로 스트레스를 받음.<br>• 술과 담배 이외에 스트레스를 해소할 마땅한 방법이 없다.<br>• 몸이 예전 같지 않다고 느끼고, 혈압이 높거나 걱정된다.<br>• 열이 많은 편이라 땀도 많이 나며 얼굴이 잘 붉어짐.<br>• 일에 치여 가족, 친구들과 따로 시간을 내기가 힘이 듦.<br>• 가끔씩 **달콤한 일탈**을 꿈꾼다. | | |
| 광고 목표 | 제품의 효능을 알리고, 새로운 타겟의 일상과 관련하여 기존의 편안한 이미지를 강화한다. | | |
| Creative<br>Concept<br>(Reason-why) | ## 가볍게 내려놓는 차<br>1) 혈압을 내리고, 열을 내리는 효능을 가진 차라는 의미<br>2) 일탈을 위해 어깨의 모든 짐을 내려놓고, 시간을 내려놓는다는 의미(이중적인 의미) | | |

| 광고주 | 광동제약 | 작성일 | |
|---|---|---|---|
| 브랜드 | 광동 옥수수수염차 | 작성자 | D |
| 매체 | TV CM, 인쇄광고, BTL | | |

| 제품 특성/<br>소비자 편익 | • 2006년 7월 1일 출시.<br>• 최초로 옥수수수염(붓기 제거, 이뇨작용 등)을 사용. 페트로 출시됨.<br>• 착향료를 사용함으로써 타 제품보다 더욱 구수한 맛.<br>• 무균충전 페트병에 여성적인 느낌이 더해짐.<br>• 옥수수염 효능 연구결과, **주름 개선 효과** 입증. |
|---|---|
| 시장 상황/<br>문제점·기회<br>Positioning | • 차(茶) 시장 내 점유율 1위 유지(2위 17차, 3위 하늘보리).<br>• RTD 커피 시장, 프리미엄 생수 시장의 선전에 국내 차 시장 위축.<br>• 미국, 호주, 일본, 중국 등 해외시장 진출.<br>• 옥수수수염차는 성숙기를 지나 정체기에 있는 상황. 이 상황을 타개할 **변화**가 필요한 시기.<br>• 따라서, '**주름 개선 효과 음료**'로 업그레이드해서 포지셔닝. |
| 광고 분석/<br>차별화 | • 다양한 스타 모델을 기용(김태희, 보아 등)<br>• 타겟의 취향에 맞춘 외모지향적 소재로 꾸준히 'V라인' 강조<br>• 경쟁사 17차는 '0칼로리'를 통한 여성의 섹시미를 강조.<br>• 'V라인'은 소비자들에게 충분히 인식되었고, **새로운 기능적 가치**를 제공할 필요가 있음.<br>• 따라서, '주름 개선'이라는 가치에 기반한 기능성 강조. |
| 타겟/<br>Target Insight | **팔자주름, 눈가주름, 잔주름에 신경 쓰는 20-30대 여성**<br>• 자신의 외모, 피부 변화에 민감하고, 자기의 미(美)를 과시함.<br>• 특히 **웃을 때** 생기는 얼굴 주름에 신경 씀.<br>• 가격에 그다지 민감하지 않으며, 무자극을 선호.<br>• 특정 브랜드에 대한 선호도가 뚜렷함.<br>• 사회적으로 성공한 커리어우먼을 꿈꾼다. |
| 광고 목표 | '주름 개선'이라는 소비자 가치를 획득하고, 옥수수수염차의 매출을 확대한다. |
| Creative<br>Concept<br>(Reason-why) | **주름 없이 아름다운 미소** |

65

| | | | |
|---|---|---|---|
| 광고주 | MPK그룹 | 작성일 | |
| 브랜드 | 미스터피자 | 작성자 | C |
| 매체 | TV CM, 인쇄광고, BTL | | |

| | |
|---|---|
| 제품 특성/<br>소비자 편익 | • 슬로건이 'Love for women!'으로 20대 대학생 및 직장인 여성을 타겟으로 **여성 중심 토핑 개발** 및 지속적 연구<br>• 순수 국내 브랜드로 한국인이 공감하는 '기름기 없이 담백한 맛'의 강점을 살림. 손으로 때리고 공중회전하는 수타 제조 과정과 스크린 구이 방식으로 제품 개발에 노력<br>• 300% 원칙(수타/수제/석쇠)으로 국내 피자 시장에 피자헛 대비 후발주자로 진입했으나 2008년부터 국내 1위 브랜드로 성장 |
| 시장 상황/<br>문제점·기회<br>Positioning | • 여성을 위한 프로모션 지속(20대 대학생 및 직장인 여성 메인 타겟). '대한민국 브랜드 스타' 피자 부문 1위에 6년 연속 선정<br>• 버거 시장 및 타 외식업의 도전으로 주중 점심 매출 정체<br>• 도미노피자는 2014년 '한국에서 가장 공감받는 기업'에서 공공서비스·제조 부문 종합 1위, 소비자와의 소통이 활발하다는 증거.<br>• 작은 변화에도 민감하게 반응하는 여성 고객에게 세심히 배려하려 함.<br>• 그럼에도 여자 대표 브랜드 연상은 여전히 약함.<br>• 따라서, **여자 대표 피자 브랜드**로의 위상 회복이 필요 |
| 광고 분석/<br>차별화 | • '레이디즈 퍼스트(Ladies First)'로 브랜드 슬로건 변경.<br>• 경쟁사에 비해 제품보다는 여성들의 공감대를 형성할 수 있는 스토리 위주의 광고. 최근의 홍두깨번 제품광고는 복고풍으로 위트가 느껴지면서도 센스 있는 분위기 |
| 타겟/<br>Target Insight | **작은 변화에도 민감하게 반응하는 20대 대학생 및 직장인 여성**<br>• 패션에 관심이 많고 소심한 듯 보이지만 친해지면 웃음이 많다.<br>• 캐주얼한 친구들 모임은 주로 파스타점이나 피자가게이다.<br>• **친구들과 떠는 수다**를 통해 일상의 스트레스를 푼다.<br>• 음식은 삶의 **스트레스를 푸는** 한 방법. 먹는 순간 입안에 모든 즐거움이 가득한 느낌이 든다. |
| 광고 목표 | 여자 대표 브랜드로서의 위상을 회복하고, 여성들에게 휴식의 매개체가 되도록 한다. |
| Creative<br>Concept<br>(Reason-why) | ## 맛있는 수다 한 조각<br>(피자 한 조각을 먹으며 나누는 맛있는 수다를 의미하는 동시에, 맛있는 수다 조각조각이 만나면 하나의 피자가 완성되며, 이를 통해 미스터피자가 여자들을 위한 휴식의 매개체가 됨을 말함.) |

| 광고주 | MPK그룹 | 작성일 | |
| --- | --- | --- | --- |
| 브랜드 | 미스터피자 | 작성자 | A |
| 매체 | TV CM, 인쇄광고, BTL | | |

| 제품 특성/<br>소비자 편익 | • **여성지향적 가치** 아래, 여성이 좋아하는 토핑 개발 및 '수타, 수제, 석쇠'의 300%<br>　원칙 고수<br>　1) 생도우를 100% 수타로 반죽(공중 수타 돌리기)<br>　2) 100% 한땀 한땀 손으로 심듯 토핑(경쟁 브랜드: 토핑 흩어 뿌리기)<br>　3) 100% 석쇠로 굽는다(→ 기름기가 쪽 빠져서 더욱 더 담백한 맛) |
| --- | --- |
| 시장 상황/<br>문제점·기회<br>Positioning | • 미스터피자, 국내 피자 시장에 피자헛 대비 후발주자 진입.<br>• 2008년~현재까지 국내 No.1 피자 브랜드로 성장.<br>　M/S: 미스터피자 31% 〉 피자헛 26% 〉 도미노피자 11% |
| 광고 분석/<br>차별화 | • 미국의 인류학자 헬렌 피셔는 사랑을 구애/열정/애착의 단계로 구분함.<br>　1) 도미노피자: 여성이 좋아하는 모델 기용. 여성이 좋아하는 토핑 및 엣지 제품 개<br>　　발→그 사람과 사귀고 싶은 마음에 몸이 저절로 상대에게 향하는 구애 단계.<br>　　아직 서로를 알아가는 단계로, 시행착오가 많다.<br>　2) 피자헛: 함께 즐겨요! Pizza & More. 먹는 것 외의 즐거움 강조.<br>　　→ 갈망과 몰입으로 서로 좋아하고 즐거워하며 애정을 갖는 열정 단계.<br>　　그러나 자주 싸우며 서로를 향한 사랑이 식는 경우가 많다.<br>　3) 미스터피자: 'Love for women!'. 여성의 행복을 위해 피자를 정성껏 만든다. →<br>　　서로에 대한 신뢰와 친밀감으로 사랑과 행복을 유지해갈 수 있는 애착 단계.<br>　　완전한 사랑, 진정한 행복을 느끼는 단계이다.<br>• 따라서 미스터피자는 애착 단계의 높은 가치, '**행복'을 강화**해야 한다. |
| 타겟/<br>Target Insight | **스트레스 받는 2030 여성**<br>• 일상 속의 많은 스트레스와 함께 살아간다.<br>• 그녀들에게 음식은 일상의 **스트레스를 푸는** 한 방법이다.<br>• 몸매관리에 신경 쓰지만, 맛있는 음식을 먹는 즐거움 또한 놓칠 수 없는 행복이다. |
| 광고 목표 | 여자의 행복이란 핵심가치를 전달, 강화한다. |
| Creative<br>Concept<br>(Reason-why) | ## 여자에게 가장 행복한 순간<br>'행복한 순간순간이 모여 행복한 삶을 만들었다.' -〈The Moment〉 중.<br>→ 여자의 행복을 유지하기 위해서는 행복한 순간을 만들어야 한다. 즉, 미스터피자<br>　는 2030 여성에게 가장 행복한 순간이 되어야 한다. |

| 광고주 | MPK그룹 | 작성일 | |
|---|---|---|---|
| 브랜드 | 미스터피자 | 작성자 | B |
| 매체 | TV CM, 인쇄광고, Viral | | |

| 제품 특성/<br>소비자 편익 | • 런칭 1990년 이대 1호점 오픈, 현재 전국 400개 매장<br>• 국내 피자 시장에 피자헛 대비 후발주자로 진입<br>• 100% 수타, 100% 수제, 100% 석쇠구이 = 300% 원칙<br>• 2004년부터 여자들을 위한 마케팅 시작. Made for Woman → Love for Women<br>  → Ladies First(현재)로 여성 마케팅 계속 강화.<br>• 여성이 좋아하는 토핑 개발, 여성 할인 프로모션 시행<br>• 이색적인 식재료를 이용한 퓨전 메뉴 개발(닭갈비, 떡갈비, 랍스터 등)<br>• 소비자에게 새로운 맛의 피자, **여성들을 위한 피자**로 인식되려 함. |
|---|---|
| 시장 상황/<br>문제점·기회<br>Positioning | • 퓨전형 멀티 피자 전략이 소비자들에게 어필되면서 고매출 유지<br>• 2008년부터 국내 피자 시장의 선두주자로 도약<br>• M/S: 미스터피자 31% 〉 피자헛 26% 〉 도미노피자 11%<br>• 여권 신장에 따른 소비결정자의 여성화. 여성 타겟의 효율성 증대.<br>• **여성들의 피자**라는 인식이 시장 내에 포지셔닝 되어가고 있음.<br>• 따라서, 진짜 여성들에 의한, 여성들을 위한 피자란 점을 강화. |
| 광고 분석/<br>차별화 | • 피자 3사가 시장 주도권을 놓고 활발한 광고 활동 전개.<br>• 세 업체 모두 프로모션 중인 신메뉴를 광고함.<br>  1) 도미노피자: 피자의 트렌드화로 빠른 변화의 맞춤을 내세움.<br>  2) 피자헛: 단순히 먹기 위함보다는 즐거운 분위기 강조.<br>  3) 미스터피자: 어느 브랜드에서도 시도하지 않은 **늘 새로운 도우와 토핑**의 조합으<br>     로, 건강과 식감을 담아 여성들의 다양한 입맛 공략.<br>• 따라서, '여자들을 위한 크리에이티브'로 경쟁사와 차별화시킴. |
| 타겟/<br>Target Insight | **건강과 새로운 맛에 관심 있는 2030 여성**<br>• 대학생 및 직장인, 젊은 주부 포함<br>• 음식이 주는 건강과 함께, **색다른 요리와 그 맛**에 대해 관심을 가지고 있음.<br>• 일상의 작은 변화에도 민감하게 반응하며, 다양한 채널을 통해 그 해결책을 모색함. |
| 광고 목표 | 대표 여자 피자 브랜드로서 늘 새로움을 추구하는 브랜드 이미지를 강화한다. |
| Creative<br>Concept<br>(Reason-why) | **미래에서 온 여자 피자**<br><br>(항상 이색적인 식재료와 새로운 퓨전 피자의 맛을 여자들에게 선보이는 미스터피자<br>의 남다른 시도를 의미함) |

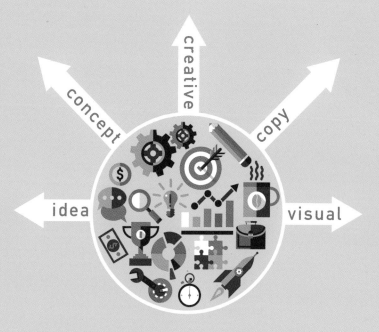

CHAPTER 4

# 키워드

불조심 포스터를 구상하듯
키워드는 컨셉으로부터
컨셉과 키워드의 차이
하늘 높이 연을 날리듯
한 놈만 패!

# 불조심 포스터를 구상하듯

초등학교 때, 불조심 포스터를 그려본 적 있지요? 상을 받기도 하고 말이지요. 그렇게 포스터를 그렸던 과정을 한번 되돌아볼 까요? 어린 당신은 먼저 '불조심'이라는 '주제'를 앞에 놓고 '말과 그림'을 고민합니다. 그림이 먼저 떠오르는 사람도 있긴 하지만, 보통 말, 즉 '꺼진 불도 다시 보자' 같은 표어를 먼저 생각하지 요. 당신은 떠오르는 몇 개의 표어들을 공책에 적어놓고 어느 것 으로 결정할지 고민합니다. 당신이 혼자 결정하기 힘들 땐, 엄마 아빠나 형제자매와 상의하기도 하지요.

어쨌든 당신이 쓴 몇 개의 표어들 중에 가장 좋은 말인 '꺼진 불도 다시 보자'를 당신은 선택합니다. 사실은 엄청 유명한 표어 란 걸 당신도 알고 저도 알지만, 설명을 쉽게 하기 위해서 그냥 어린 당신이 썼다고 가정하는 겁니다. 그렇게 말이 결정되고 나면, 이제 당신은 연이어 그 말에 맞는 그림을 고민하게 됩니다. 그 결과 당신은, 타다 만 장작이 돋보기에 확대되어 보이는 그림을 떠올립니다.

이 일련의 과정을 광고 아이디에이션 과정으로 치환해볼까요? 당신의 머릿속에 있던 '불조심'이라는 '주제'는 컨셉에 해당합니다. 실제로 공익광고는 별도의 컨셉을 찾아내지 않고 주어진 주제를 컨셉 삼아 바로 크리에이티브 아이디에이션으로 들어가는 경우도 있지요. 그 컨셉을 머릿속에 넣고 당신이 만들어낸 '꺼진 불도 다시 보자'라는 표어 즉 말은 광고의 키워드에 해당합니다. 이어서 당신은 이 키워드에 맞는 그림 찾기를 했지요. 그래서 당신이 떠올린, 타다 만 장작이 돋보기에 확대되어 보이는 그림. 그것이 바로 키비주얼에 해당하지요.

1장의 '크리에이티브 프로세스'에서 '키워드'와 '키비주얼'이라는 낯선 용어를 꺼내놓고는, 나중에 집중적으로 공부한다며 슬쩍 넘어간 거, 기억합니까? 우리가 여러 매체를 동원해 광고 캠페인을 한다고 쳐봅시다. 광고에서 '캠페인(Campaign)'이라는 건, 단 하나의 메시지를 여러 매체에 적용하는 원 소스 멀티 유즈(One-Source Multi-Use) 전략 하에 실행되는 활동입니다. 요즘 광고는 상당 부분 통합 마케팅 커뮤니케이션(Integrated Marketing Communication) 전략 하에 전개되기 때문에, 소비자들이 어떤 매체를 접해도 동일한 메시지를 기억할 수 있도록 메시지의 분산을 원천차단 할 필요가 있는 거지요. 광고는 반복학습 효과로 눈과 귀와 입을 통해 익숙하게 하는 게 중요하니까요.

사실, 광고는 언어적 요소인 카피와 시각적 요소인 비주얼로 구성되어 있지 않습니까? 다시 말해, 카피는 언어적 메시지이고, 비주얼은 시각적 메시지이며, 앞서 얘기한 캠페인에선 이 두 축의 메시지가 각각 하나의 핵심적 메시지로 통일되어야 하는 거지요. 우리가 이것을 광고의 '핵심 카피'와 '핵심 비주얼'이라고 본다면, 핵심 카피를 '키워드(Key Word)', 핵심 비주얼을 '키비주얼(Key Visual)'이라고 부르는 겁니다. 이것이 결정되면, 키워드는 인쇄광고의 헤드라인(Headline)과 전파매체의 키카피(Key Copy), 그리고 양쪽 매체를 아우르는 슬로건(Slogan) 등으로 사용되는 거지요. 키비주얼 역시 매체 상황에 맞게 발전시켜가고요.

이 '키워드'라는 용어는 광고회사에 따라, 혹은 크리에이터에 따라 다양하게 지칭되는데, 여기서는 '키워드'로 못박고 앞으로 나아가겠습니다. 사족 같지만, 검색어로서의 키워드는 주로 단어 하나를 의미하지만, 카피로서의 키워드는 단어도 될 수 있지만 기본적으로는 문장(Sentence)을 의미한다는 걸 미리 알아두는 게 좋겠습니다.

# 키워드는 컨셉으로부터

2장에서 이런 말이 나왔었지요? '카피 앞에 컨셉이 있다'고 말입니다. 이 말을 뒤집으면 이렇게 되겠지요. 컨셉 뒤에 카피가 있다. 집 짓기를 한번 생각해볼까요? 먼저 땅을 파고 기초를 다지지요. 그 위에 골조 즉 뼈대를 세운 다음, 그 뼈대를 기본으로 벽과 문과 지붕 같은 살을 붙여나가지요. 여기서 기초를 다지는 작업은, 제품과 시장과 소비자를 분석해서 소비자 편익과 시장 내문제점, 타겟 인사이트 등을 알아내는 작업이지요. 그 위에 세워지는 뼈대, 이게 바로 컨셉인 겁니다. 그러니까, 뼈대 즉 컨셉은 우리 눈에는 보이지 않지만, 그것이 없다면 집은 사상누각이 되고 말지요. 그리고 벽과 문과 지붕 같은 살에 해당하는 것이 바로, 우리가 광고를 통해 보게 되는 카피와 비주얼인 셈입니다.

그러니까, '지반 → 골조 → 집'의 과정이 '자료 → 컨셉 → 광고물'로 귀결되고 있습니다. 모든 광고물은 기본적으로 카피와 비주얼로 구성되어 있고, 카피는 핵심 카피 즉 키워드에서부터 시작되니까, 결국 컨셉 다음엔 키워드 도출 과정이 오는 거지요. 이처럼, 키워드는 컨셉을 바탕으로 뽑아냅니다. 광고 현업의 아이디에이션 과정에선 이 키워드와 키비주얼을 동시에 찾는 경우가 많습니다. 그러나 빅 매치의 경쟁 프레젠테이션이나 캠페인성의 광고를 준비할 땐 키워드를 먼저 도출하고 거기에 적절한 키비주얼을 찾아내기도 하지요. 이 과정은, 앞에서 얘기한 불조심 포스터를 구상해가는 과정을 생각해보면 더 명확해질 겁니다.

물론 컨셉을 찾아놓지 않은 채 키워드를 뽑아낼 수도 있기는 합니다. 그러나 이렇게 바로 키워드 도출 작업을 하려 할 때에도, 제품 분석과 타겟 인사이트 같은 기본적인 내용은 개인이든 팀 단위든 찾고 고민해야 하는 거지요. 그 과정마저 없는, 입력된 정보가 없기 때문에 아이디어 내기가 막막하니까요. 마치, 혼자 사막에 던져진 것처럼 헤매게 되지요. 그럴 바에야 본인이 찾고 고민한 내용을 크리에이티브 브리프에 쓱쓱 담아서 컨셉을 착착 정리하고, 거기서 바로 빅 아이디어가 될 만한 키워드를 뽑아내는 게 훨씬 더 효율적이지 않겠습니까?

광고에 있어 빅 아이디어(Big Idea)는 크리에이티브가 뛰어나고 컨셉을 극적으로 표현하고 있는 걸 말하지요. 그런데, 앞서도 말한 바 있지만, 모든 위대한 발견이 심플한 목표와 내용 속에서 가능하듯이, 빅 아이디어 역시 심플한 조건과 컨셉 하에서 태어난다는 겁니다. 즉, 그만큼 빅 아이디어로 대성할 키워드는 정리된 크리에이티브 브리프와 단 하나의 명확한 컨셉을 원하고 있다는 사실, 기억해주기 바랍니다.

# 컨셉과 키워드의 차이

크리에이티브 컨셉 도출 과정에서 이런 얘기를 했습니다. 키워드와 헷갈리지 않기 위해, 컨셉은 어떤 생각을 정의 내리고 규정 짓는다는 관점에서, 형용사(형)＋명사(형)의 형식을 취하는 게 좋다고요. 물론 키워드 혹은 카피는 어떤 문장 형식도 가능하다는 얘기도 함께 했지요. 본격적인 키워드 쓰기로 넘어가기 전에, 이 점을 좀 더 확실하게 짚고 가겠습니다. 우선, 노래 한 곡을 예로 들어볼까요? 백지영 씨가 부른 〈총 맞은 것처럼〉의 가사 일부분입니다.

lyrics 총 맞은 것처럼 정말
가슴이 너무 아파
이렇게 아픈데 이렇게 아픈데
살 수가 있다는 게 이상해

어떻게 너를 잊어 내가
그런 거 나는 몰라 몰라
가슴이 뻥 뚫려 채울 수 없어서
죽을 만큼 아프기만 해
총 맞은 것처럼

이 노래에서 우리의 귀를 잡아당기는 한마디는 제목과 가사에서 계속 등장하는 '총 맞은 것처럼'이지요. 이게 바로 광고의 키워드에 해당합니다. 노래가 워낙 좋고 백지영 씨도 호소력 있게 잘 불렀지만, 기존의 그 어떤 노래에도 등장한 적 없는 '총 맞은 것처럼'의 한마디는 이 노래의 히트에 크게 기여한 셈이지요. 그럼 이 노래는 무엇을 얘기하고 있을까요? 예, '실연의 고통'이지요. 끝나버린 사랑의 아픔이 총 맞은 것처럼 심하다는 거니까요. 이 '실연의 고통', 이것이 광고로 치면 바로 컨셉에 해당한다는 겁니다.

| concept | 실연의 고통 |
| key word | 총 맞은 것처럼 |

이번엔 광고를 한번 들여다볼까요? SK텔레콤의 4G LTE TV 광고입니다. 휴대폰으로 통화와 채팅과 게임을 연속적으로 하면서 춤추는 청년의 모습에, 카피는 힙합 가사의 형식을 취하고 있습니다.

　통화하면서
　　　　　채팅하면서
　　　　　게임하면서
　　　　　하면서
　　　　　하면서
　　　　　하면서
　　　　　하면서

　　　　　하면서 한다
　　　　　LTE도 SK텔레콤

　이 광고 카피에서 핵심이 되는 키워드는 '하면서 한다'이지요. 그럼 컨셉은 무엇이었을까요? 유추하건대 통화, 채팅, 게임이 동시에 다 된다는 의미에서 '끊김 없는 멀티태스킹'이 아닐까 싶습니다.

concept　끊김 없는 멀티태스킹

key word　하면서 한다

　위의 〈총 맞은 것처럼〉의 가사와 SK텔레콤 광고의 카피는, 물론 제가 쓴 것이 아닙니다. 컨셉과 키워드의 차이를 보여주는 좋은 사례여서 인용했지요. 이번엔 제가 쓴 풀무원 건강보조식품의 인쇄광고 키워드를 예로 들어보겠습니다. 컨셉이 '자연에서 온 건강'이었는데, 광고 규제상 건강보조식품임에도 '건강'이라는 단어를 함부로 쓸 수 없었지요. 그래서 '자연은 풀무원의 스승입니다'가 고심 끝에 내놓은 키워드였습니다.

| concept | 자연에서 온 건강 |
| key word | 자연은 풀무원의 스승입니다 |

예로 든 세 가지 경우를 정리해보면 이렇습니다.

| concept | | key word |
|---|---|---|
| 실연의 고통 | ➡ | 총 맞은 것처럼 |
| 끊김 없는 멀티태스킹 | ➡ | 하면서 한다 |
| 자연에서 온 건강 | ➡ | 자연은 풀무원의 스승입니다 |

어떻습니까? 컨셉과 키워드는 같은 내용을 담고 있긴 하지만, 또 분명히 다르지요? 더 구체적으로 얘기해보면, 키워드는 광고에 노출되는, 그래서 사람들의 시선을 붙잡고 기억하도록 만들지만, 컨셉은 그 광고에 드러나지 않은 채 키워드와 광고 전반의 바탕이 되어주지요. 이렇게 컨셉과 키워드는 한 뿌리의 다른 모습을 가지고 있다는 겁니다.

# 하늘 높이 연을 날리듯

지금 당신은 강변에서 연을 날립니다. 당신의 손에는 얼레가 쥐어져 있고, 그 얼레에는 연줄이 탄탄하게 감겨 있습니다. 바람이 불어옵니다. 당신은 바람 때문에 연줄을 놓치지 않기 위해 연을 눈앞에서 깔짝깔짝 가지고 놉니다. 그러나 계속 그러고 놀면 연 날리는 재미가 없지요. 차츰 당신은 연줄을 풀면서 연을 띄워 올립니다. 처음엔 조금 멀리, 그리고 점점 하늘 높이 말이지요. 이제 당신의 연은 까마득한 하늘 위에서 공중제비에 지그재그 춤까지 추면서 신나게 놉니다. 이럴 때 당신이 꽉 잡고 절대 놓으면 안 되는 게 있지요? 얼레라는 것 말입니다.

이 연날리기를 키워드 쓰는 상황으로 치환해보면, 얼레는 당신이 절대 놓치면 안 되는 '컨셉'에 해당합니다. 그리고 연을 점점 하늘 높이 띄워 올리는 행위는, 당신이 '키워드'를 써나가는

과정과 동일한 거지요. 컨셉은 절대 잊어버리지 않되, 키워드를 쓸 때의 발상은 점점 컨셉에서 멀리까지 나아가라는 겁니다. 갑자기 수직상승 할 수 있다면 얼마나 좋겠습니까만, 언어의 천재가 아닌 이상 그건 어려울 테니까, '조금씩'이라는 게 중요한 거지요. 그러려면 컨셉의 발상이 요구하는 농업적 근면성과 똑같이, 키워드 도출 역시 절대적인 시간과 노력의 투입이 필요한 거지요.

이번엔, 문자 메시지로 이성에게 말을 거는 작업을 보여줬던 1장으로 돌아가볼까요? 이제 그 작업이 잘 돼서, 상대와의 만남이 이뤄졌다고 한번 생각해봅시다. 장소는 커피숍이지요. 다행이게도, 첫눈에 상대가 마음에 듭니다. 그래서 당신은 상대의 호감을 얻고 싶습니다. 그런데 아무런 유머감각도 표정도 없이 그냥 '하려는 얘기'만 '곧이곧대로' 한다면, 그 사람이 당신을 관심 있게 봐줄까요? 가령, 상대가 마음에 든다거나, 결혼을 전제로 사귀자는 식의 얘기 말이지요. 관심은커녕, 생뚱맞다는 생각에 당신이 하고 있는 말도 제대로 귀담아 들어주지 않고, 헤어지기도 전에 벌써 '끝'이라는 단어를 당신의 이마에 붙여놓을 겁니다. 여기서 '하려는 얘기'라는 건 'What to say' 즉 컨셉에 해당하는 거지요. 그걸 '곧이곧대로' 얘기한다는 건? 컨셉을 거의 그대로 키워드로 썼다는 거지요.

물론 크리에이티브 컨셉 속에는 정도의 차이는 있지만 크리에이티브가 들어있는 게 사실입니다. 그럼에도 크리에이티브 컨셉 역시 컨셉의 일종이고, 그래서 어떤 생각을 규정짓는 개념어로 구성되어 있습니다. 형용사(형)+명사(형), 기억하고 있지요? 그래서 언어적으로 딱딱합니다. 그런 컨셉에서 출발해서, 이제 마음에 들고 계속 만나고 싶은 상대의 관심, 즉 소비자의 눈과 귀는 물론 마음까지 빼앗기 위한 한 줄의 키워드를 뽑아내려면, 그 컨셉에서 점점 높이, 멀리 가려는 노력을 해야 하는 겁니다. 왜 이런 얘기를 하느냐면, 실제 초보 카피라이터들 중에도 처음부터 끝까지 '컨셉에서 맴맴' 도는 키워드를 내놓는 경우가 있다는 겁니다. 동일한 컨셉 하에 도출된 키워드 중에, '맴맴'의 나쁜 사례와 '점점'의 좋은 사례를 들어보겠습니다.

| product | 계피음료(가상) |
| concept | 장을 편안하게 해주는 따듯함(온음료) |
| target | 술자리가 잦은 20-30대 직장인 남성 |

## 나쁜 키워드의 사례

| key word | 1. | 당신의 장을 편안하게 지킵니다 |
| | 2. | 당신의 장을 따듯하게 지켜드립니다 |
| | 3. | 당신의 지친 장을 다스려드리겠습니다 |
| | 4. | 남자의 지친 장에 평화가 찾아갑니다 |
| | 5. | 남자의 장, 보호가 필요하다 |
| | 6. | 마시는 순간, 당신의 장을 다스리는 계피 |
| | 7. | 당신의 장을 지켜주는 보디가드 |
| | 8. | 남자의 장을 책임지는 한 병 |
| | 9. | 장의 고통은 이제 그만! |
| | 10. | 남자, 건강한 장을 위하여! |

## 좋은 키워드의 사례

| key word | 1. | 나의 腸(장) 주치의는 따뜻하다 |
| | 2. | 장(腸) 고수들의 비책 한 병! |
| | 3. | 장씨들은 따뜻한 계피를 좋아해요 |
| | 4. | 장 대리의 행복한 아침 |
| | 5. | 장하다 군의 생존전략 |
| | 6. | 어머니의 약손이 느껴집니다 |
| | 7. | 원샷, 덤벼라 술! |
| | 8. | 불편한 장에 커피 대신 |

9.  당신은 장훈남! 장이 훈훈하니까
10. 장군 멍군
    (장군은 제품을 마신 腸, 멍군은 마시지 않은 腸)

    두말할 것도 없이, 나쁜 키워드 사례는 컨셉 주변을 서성이면서, 컨셉에 등장했던 어휘들 혹은 비슷한 단어들을 반복해서 사용하고 있습니다. 반대로 좋은 키워드 사례는 컨셉을 놓치지 않으면서도 자꾸 멀리 날아오르고 어휘의 선택도 그만큼 다양하지요. 키워드는 이렇게 써나가야 한다는 겁니다. 컨셉을 놓치지 되, 크리에이티브의 하늘로 높이 말입니다.

# 한 놈만 패!

참 재미있게 본 영화 〈주유소 습격사건〉의 클라이맥스는, 주유소에서 양측이 격돌하는 장면입니다. 무식하면서도 무식하다는 소리를 죽도록 싫어하는 주인공 '무대포'는, 이 장면에서 상대편의 한 녀석만을 두들기면서 말하지요. "난 한 놈만 패!" 키워드를 쓸 때도 이게 필요하다는 겁니다. 즉, 광고에 있어 키워드는 '단 하나만' 얘기하라는 거지요. 이건, 다국적 광고회사 사치 앤 사치(Sattchi & Sattchi)가 제안한 S.M.P. 전략과 일맥상통합니다. S.M.P.는 'Single Minded Proposition'의 약자로, '가장 동기유발적이고 차별적인 단 하나의 제안'을 타겟에게 제시하는 거지요.

어떤 광고주는 이런 요구를 하기도 합니다. 우리 제품은 이런 장점들도 있고 저런 특성들도 중요하니, 그걸 다 광고 한 편에 녹여달라고 말입니다. 이럴 때, 신문광고는 기사식 광고를 제안하면 가능하기도 하겠지만, TV광고 하면서 그런 요구를 들어줬다가는 광고가 산으로 가기 딱 안성맞춤이지요. 우리나라 TV광고는 15초가 많은데 그 짧은 시간에 과연 몇 가지의 메시지를 넣을 수 있을까요? 설령, 그렇게 이런저런 메시지를 넣었다 한들, 그 광고를 본 소비자의 기억 속엔 무엇이 남을까요? 당연히 'Nothing'이지요.

이처럼, 키워드를 쓸 때 컨셉을 붙잡고 그것 하나에 집중해야 한다는 겁니다. 절대, 제품의 다른 장점을 기웃거리거나, 컨셉과 관련 없는 시장의 문제점이나 타겟 인사이트에 한눈팔지 말아야 합니다. 왜 이런 얘기를 하느냐면, 초보들의 키워드들 중엔 여러 가지를 동시에 얘기하는, 그래서 '어이가 없네'라는 말이 저절로 나오는 중구난방의 키워드들이 등장한다는 거지요. 키워드를 쓸 땐 꼭 '한 놈만 패!'를 명심하고 컨셉에 집중하기 바랍니다.

자, 이제 고민 끝에 만족스런 키워드가 나왔습니다. 그런데 꺼림칙한 건, 그 키워드를 어디서 본 것도 같고 아닌 것도 같다는 사실입니다. 이럴 땐 인터넷으로 검색을 해보거나 다른 사람들에게 보여주는 게 상책이겠지요? 돌아온 대답은 어떤 제품의 몇 년 전 광고에 나왔던 카피와 거의 같다는 겁니다. 광고는 패러디를 허용하지만, 베끼는 건 허용되지 않지요. 그래서 그 만족스런 키워드는 안타깝지만 쓰레기통으로 보내져야 하는 운명을 맞게 됩니다.

다국적 광고회사 DDB의 윌리엄 웰스(William Wells)가 말한

R.O.I. 전략이라는 게 있습니다. 이 전략의 핵심은 첫째, 제품과 소비자 욕구의 연관성(Relevance), 둘째, 경쟁사가 쫓아올 수 없는 독창성(Originality), 셋째, 소비자의 관심을 끌어내는 충격(Impact)이 광고에 중요하다는 것이고, 이 세 단어의 이니셜을 따서 R.O.I. 전략이라고 합니다. 제품과 소비자 욕구의 연관성은 컨셉을 도출하는 과정에서 짚어본 사항이므로 넘어가지요. 그러나 'Originality'와 'Impact'는 키워드를 쓸 때 염두에 둘 만한 내용입니다. 어디서 본 것 같은 키워드가 아닌, 독창성이 살아있는 키워드를 쓰도록 애쓰면서, 타겟의 눈과 귀를 단박에 사로잡을 정도로 임펙트가 있으면 더할 나위 없다는 거지요.

　광고인들이 즐겨 인용하는 AIDMA 법칙은 이 Impact의 면을 강조하고 있습니다. AIDMA는 'Attention, Interest, Desire, Memory, Action'의 약자로, 광고 전반은 물론 카피라이팅에서도 빠지지 않고 언급되는 내용입니다. 즉 광고 혹은 카피는 시선을 붙잡고(Attention), 흥미를 유발하며(Interest), 욕구를 가지게 해서(Desire), 기억에 남게 하면서(Memory), 구매행동을 유발시켜야(Action) 한다는 거지요. 이 다섯 가지 중에서도, 타겟의 눈과 귀를 붙잡는 'Attention'은 흥미를 유발하라는 'Interest'와 함께 키워드의 대표적인 역할이기도 하며, 앞서 말한 'Impact'의 중요성을 환기시키고 있습니다. 그런데, 키워드를 '임팩트 있게' 쓰라는 걸 '강하게' 혹은 '세게'로만 이해하면 안 됩니다. 재미있거나 감동적으로 쓴 키워드와 카피도 얼마든지 소비자의 눈과 귀를 사로잡고 관심을 끌어내니까요.

　정리해볼까요? 키워드는 컨셉을 꽉 붙잡고 하나만 얘기하되, 생각을 하늘 높이 띄워 시선을 확 잡아끌 수 있게 독창적으로 쓰는 게 중요하다는 겁니다.

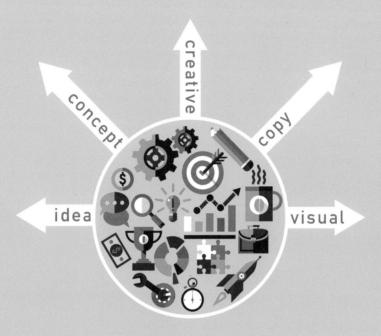

# 키워드 도출

# 키워드를 쓰는 방법

광고는 논리의 바탕 위에서 뽑아낸 아이디어의 결정체입니다. 어제 처음 등장한 광고는 오늘 이미 지난 광고가 되고, 그래서 늘 이전과 다른, 새롭고 신선한 아이디어가 요구됩니다. 따라서 크리에이티브의 첫 단계인 키워드 쓰기에서부터, 키워드 그 자체를 말과 글로 짜인 하나의 아이디어로 보고 출발하는 거지요. 이제 본격적으로 키워드를 도출하는 과정이다 보니, '키워드 도출법' 같은 하나의 공식을 제시해야만 할 것 같습니다. 그러나 그런 건 애초부터 말해드릴 게 없음을 미리 이실직고합니다. 키워드를 쓰는 방법은 키워드의 수만큼 많겠지만, 그저 그동안 카피를 쓰면서 체득한 제 나름의 경험을 중심으로 얘기를 풀어나가 보겠습니다.

　여기서부터 이 책의 끝까지 제시되는 예시들은, 대개 제가 그

동안 써온 키워드와 카피들이고, 일부는 디렉션한 내용들입니다. 그중엔, 실제 광고로 만들어져 세상에 빛을 본 것들도 있고, 제 자료집과 파일 속에 묻혀있던 것들도 있습니다. 예시로 적절하다 싶으면 양쪽을 구분 없이 사용했습니다. 그리고 예시로 부족할 땐, 기존의 훌륭한 광고들을 모셔왔습니다.

# 언어유희

조금 앞쪽의 커피숍으로 다시 돌아가볼까요? 어떻게 하면 상대의 호감을 얻을 수 있을까요? 네, 우선 재미있어야겠지요. 요즘은 재미있는 사람이 대세니까요. 그리고 그 '재미있다'는 것의 상당 부분은 '말을 재미있게 한다'는 거겠지요. 따라서, 곧이곧대로 자기 할 말만 하는 사람보다는, 할 얘기를 재미있게 하는 사람이 상대의 호감을 쉽게 얻을 것이란 건, 불을 보듯 뻔한 일이지요. 키워드도 그렇습니다. 소비자의 관심을 빠르게 얻는 데는 그 이상이 없으니까요.

키워드를 재미있게 쓰는 방법으론 먼저 언어유희가 있지요. 우리가 흔히 얘기하는 '말장난'이라는 겁니다. 그중에서도 중의적인 언어 사용은 언어유희의 대표적인 사례라고 할 수 있지요. 제가 쓴 키워드는 아니지만, '2프로 부족할 때'의 '난, 노는 물이

달라'가 이 경우에 해당합니다. 이때의 '다른 물'은, 물 같아 보이지만 물과는 확연히 다른 제품의 특성과, 남들과는 다르게 논다는 것을 동시에 표현하고 있으니까요.

한경희생활과학의 스팀청소기와 스팀다리미 광고를 위해 준비했던 키워드 중에도 중의적인 표현이 있었습니다. 사용하지 못한 키워드이긴 하지만, 여기서의 '산다'라는 말은 '제품을 구매한다'와 '한껏 살아난다'를 동시에 의미하고 있지요.

> **key word**  집안이 산다, 여자가 산다 (스팀청소기)
> 옷이 산다, 여자가 산다 (스팀다리미)

파로마는 가구의 '자연주의'를 강조하고 싶어했습니다. 그래서 '가구 속에 자연이 있다'는 말을 생각했지요. 그러나 그것만으로는 충분하지 않았고, 시선을 붙잡을 만한 말이 더 필요했습니다. 그래서 '가구 속의 자연'을 극적으로 표현하기 위해 고심하던 중에 '가구'를 뜻하는 'Furniture'의 'i'를 'a'로 바꾸면 'Furnature' 속에 'nature'가 있음을 발견했습니다.

> **key word**  Furnature, 가구 속에 자연이 있다

비타민제제 비나폴로는 늘 피로한 남자들의 인사이트를 따라 '피로를 이기는 넘치는 힘'을 강조하려고 했습니다. 그런데 남자

들에게 필요한 그 힘을 더 강화해주기 위해, '역시'라는 단어에다 한자로 말장난을 했지요.

key word 솟구치는 힘, 力氏! 비나폴로

디자인스쿨 사디(sadi)를 위해 쓴 키워드는 '상상력'이 중심이었습니다. 거기다 상상력을 자극할 만한 말장난이 요구되었지요. 그래서 단어에 재미를 줄 수 있는 '上上力'이라는 한자로 키워드에 아이디어를 더했습니다.

key word 上上力 체험학교, sadi

# 뒤집기

제품 혹은 서비스 광고는, 보통 소비자가 직면하고 있는 문제점을 고려하면서 그 제품과 서비스를 사용했을 때의 편익을 극적으로 말하고 보여주지요. 예를 들어, 면도기 광고에서, 타겟은 수염 많은 남자들이고, 그들의 인사이트에 맞게 '센 수염에 강한 절삭력'을 강조한다고 생각해봅시다. 광고는 다분히 타겟이 그 면도기를 사용함으로써 멋있어지는 내용을 중심으로 하겠지요. 이걸 뒤집어보면 어떻겠습니까? 수염 많은 남자의 불편하고 지저분한 일상이나 무인도에 혼자 남은 남자의 모습에 관한 아이디어가 떠오를 때, 키워드는 이렇게 쓰는 거지요.

**key word** 무인도 남자가 되기 싫다면

한경희생활과학의 스팀청소기와 스팀다리미 광고를 위해 디렉션했다가 사용하지 못한 키워드를 볼까요? 매일 반복되는 청소와 다림질은 여자들에게 환영받을 일이 아닙니다. 그래서 청소도 다림질도 여자들이 즐거워하는 일로 뒤집어본 거지요. 이 제품들은 보기보다 가볍고 더 편리하다는 소비자 편익과, 주부들이 바라는 인사이트 역시 거기에 있었으니까요.

key word 스팀청소를 가지고 놀다
스팀다림을 가지고 놀다

신사복 로가디스는 '옷이 가벼워서 착용감이 좋다'는 점을 강조하려 했습니다. 그걸 그대로 쓰게 되면 딱딱하고 관심을 붙잡지도 못할 상황이었지요. 그래서 남자들의 인사이트로 내용을 뒤집어본 덕분에 이런 키워드를 내놓을 수 있었습니다.

key word 이 세상, 가장 편안한 남자가 되고 싶다

# 강제결합

키워드에 아이디어를 담는 또 다른 방법은 제품과 상관없는 의
외의 것을 조합하는 겁니다. '강제'라는 어휘 속엔 왠지 '억지'라
는 말이 느껴지는데, 이 방법은 억지스러운 결합은 아닙니다. 가
령, 음료 광고에는 대개 젊은 사람들이 등장하지요. 그런데 의외
의 인물인 외계인과 음료를 결합해보는 겁니다. 왜냐하면, 젊은
사람들은 외계인의 존재에 대해 완전히 억지라고 생각하지 않으
니까요. 그 음료를 한번 맛본 외계인이 맛을 잊지 못해서 또다시
지구를 찾아온다는 아이디어를 떠올려봅니다. 그러면 키워드는
이렇게 도출되는 거지요.

key word    이 맛, E.T.가 알아버렸다

이번엔 순한 초저도 소주를 생각해보겠습니다. 주로 술에 약한 여자들이 모델로 등장하지만, 그런 뻔한 공식에서 벗어나 과감하게 동물들을 결합시켜 생각해보는 겁니다. 술에 약한 남녀 모두를 타겟으로 잡는다면 이런 키워드가 시리즈로 가능하지요.

**key word**  호랑이가 마시면 고양이
여우가 마시면 웰시코기

이렇게 동물을 결합시켜 실제로 집행한 광고도 있습니다. 변비약 아락실은 '무리 없이 자연스런 쾌변'의 자연성을 강조하기

[아락실/print]

위해, 토끼와 금붕어를 모델로 내세웠지요. 변비에 효과적인 성분과 습관에 착안해서 다음과 같이 키워드를 썼습니다.

| key word | 토끼사전에 변비는 없다 |
| | 금붕어사전에 변비는 없다 |

# 패러디

레오나르도 다 빈치의 〈모나리자〉는 동서양을 막론하고 광고에
자주 등장하는 모델입니다. 이처럼 유명한 명화나 성공한 영화
혹은 드라마의 한 장면을 패러디한 광고는 우리나라에서도 심심
찮게 보입니다. 특히 국내 광고는 히트한 드라마나 영화를 패러
디하는 걸 선호한다는 사실, 굳이 예를 들지 않아도 다 아는 사
실 아니겠습니까?

　여기서 한 걸음 더 나아가, 다른 광고를 패러디하는 광고도 있
습니다. 이런 광고의 대표적인 사례가 팔도 왕뚜껑 광고이지요.
히트한 광고를 패러디하는 거지만, 이 광고가 온 에어 되면 기
존의 패러디된 광고 역시 새롭게 주목받는 효과까지 파생시키니
대단하다고 할 수밖에요. 또 SSG.COM의 '쓱' 광고가 히트하기
시작하면서부터 그 광고를 패러디한 광고들이 많이 생겨났지요.

모델들만 다를 뿐, '영어 좀 하죠?'로 시작되는 카피 포맷은 물론 광고 전반의 상황과 배경, 톤 앤 매너까지 그대로 가져가면서 사람들의 주목을 끌었습니다.

키워드만 패러디할 땐, 잘 알려진 대사나 유행가 가사를 많이 활용합니다. 예를 들면, 햄버거 광고를 하면서 드라마 〈다모〉의 그 유명한 대사 '너도 아프냐? 나도 아프다'를 패러디하는 거지요. 살짝 비튼 패러디라고 해야겠네요.

key word   너도 맛있냐? 나도 맛있다!

더러, 개그 프로의 유행어를 가지고 오는 방법도 있지만, 아직 입문하는 입장이라면 바람직하지 않은 방법이라고 생각합니다. 너무 쉬운 키워드 쓰기라서, 이 책을 보는 당신에게도 권하고 싶지 않지요. 다음의 모닝글로리 크리스마스카드 광고의 키워드는 영화 〈해리가 샐리를 만났을 때〉의 제목을 패러디했습니다. 물론 여기서 등장하는 '메리'와 '해피'는 '메리 크리스마스'와 '해피 뉴 이어'에서 가져온 말이지요.

key word   메리와 해피가 만날 때, 모닝글로리 X-mas 카드

[모닝글로리/print]

# 브랜드 담기

어떤 매체이든 간에, 사실 광고는 소비자에게 브랜드를 기억시키기 위해 여러 가지 장치를 만들어놓습니다. 모델이 그 브랜드를 말하게 하고, 내레이션으로 반복해서 외치기도 하며, 제품 패키지에 있는 브랜드를 확실하게 보여주고, 브랜드를 상징하는 로고와 심볼마크를 부각시키기도 하지요. 그런데 사실 이보다 더 효과적인 방법은, 키워드에 전하려는 메시지와 함께 브랜드를 재미있게 인상적으로 담는 겁니다.

간혹, 어떻게 발음해도 입에 잘 붙지 않고 기억하기도 힘든 브랜드 네임들을 만날 때가 있지요? 그럴 때야말로 이 브랜드 담기에 매진할 필요가 있습니다. 잇몸에 바로 바르는 잇몸 치료제 파로돈탁스도 이 경우에 해당되었고, 기억하기 어려운 브랜드 네임을 쉽게 연상할 수 있도록 키워드를 만들었지요. '바로'와

'파로'를 연결하면서, 온 에어 된 TV광고나 라디오광고에서는 '파로돈탁스'의 '탁'을 특히 강조해서 발음했습니다.

key word 잇몸에 바로 탁! 파로돈탁!스

붙이는 관절염 치료제 트라스트는, 약효가 오래간다는 메시지에, 경쟁 제품보다 브랜드 상기도가 낮다는 점을 고려했지요. 세상에 빛을 보진 못 했지만, 이어지는 브랜드 네임과의 조합을 생각하면서 쓴 키워드였습니다.

key word 오래가니까 조트라! 트라스트

썬키스트 제품 중에 '레몬에이드'에 힘을 주기 위해 준비되었지만 역시 빛을 보지 못한 키워드는 다음과 같았습니다. '몬데'와 '레몬'의 '몬'을 강조하는 거지요.

key word 넌 몬데? 난 레몬에이드

썬니텐 광고에 등장한 다음의 키워드들을 처음 봤을 때, '키워드 참 잘 뽑았네!' 싶은 감탄사가 단번에 나왔고, 그 말을 생각해낸 담당 크리에이터들에게 박수를 보냈습니다. TV광고에 등장하는 상황과도 잘 맞아떨어지면서, 결정적인 순간에 브랜드를

재미있게 잘 환기시켜주고 있으니까요. 실제 광고에선 키워드를
Song으로 만들어서 '텐'을 길게 외쳐주었지요.

| key word | 억울할 텐~데 |
| --- | --- |
| | 난감할 텐~데 |
| | 놀라울 텐~데 |
| | 섭섭할 텐~데 |
| | 엄청날 텐~데 |

# 진정성

기업광고나 공익광고는 대개 감동을 통해 사람의 마음을 열려고 합니다. 특히 우리나라의 기업 혹은 공익적 광고에서는 카피의 비중이 높고, 그래서 키워드는 그런 감동 카피의 출발점이 됩니다. 당신이 기억하고 있는 그 카테고리 내의 국내 광고들을 떠올려보면, 이런 사실을 확인할 수 있겠지요. 이렇게 감동적인 키워드를 쓰기 위해서는, 우선 '진정성'을 담아야 합니다.

누군가가 어떤 것을 보거나 읽고 '감동한다'는 것은, 기본적으로 그 대상에 대한 감정이입이 일어났으며, 그래서 그것이 나 자신의 얘기인 것 같이 '동감 혹은 공감한다'는 것이지요. 진정성은 이 일련의 과정을 가능하게 하는 힘을 가지고 있습니다. 카피도 다르지 않습니다. 그렇게 동감이 되는, 그래서 가슴에 울림이 남는 카피를 쓰려면, 공감을 얻을 수 있는 진정성이 담보되어야 하는 거지요. 이 경우, 주의해야 할 게 하나 있는데, 그건 바로 감정의 과잉입니다.

주인공은 눈물과 대사가 범벅이 된 열연을 펼치는데도, 전혀 감정이입이 안 되는 드라마를 본 적이 있습니다. 픽 하고 웃음기까지 번진다면, 그 장면은 무지막지하게 힘을 쏟았음에도 민폐만 끼치고 채널을 돌리게 하는 결과를 초래하고 만 거지요. 진정성 있는 키워드를 쓸 때도 그렇습니다. 감정을 지나치게 투입하다 보면, 컨셉에서 벗어난 길을 가기 쉬울 뿐만 아니라, 정작 해야 할 말은 감정 그 자체에 함몰돼서 주객전도가 되고 만다는 겁니다.

진정성으로 키워드를 쓸 땐, 그 키워드와 동시에 전체 카피가 어느 정도 나오는 게 일반적이라, 예시도 그렇게 들어보겠습니다. 매일유업 기업 라디오 CM은 제작되어 집행되었고, 내용 중의 'NA'는 내레이션(Narration)의 약어입니다. 신세계 송년 신문광고 역시 실제로 제작된 광고입니다. 삼성카메라 졸업 시즌 인쇄 광고는 비록 시안 단계에서 끝났지만, 진정성을 담고 있는 제품 광고의 드문 사례라 함께 제시합니다.

## 매일유업 기업 라디오 CM

**key word** 이 세상, 엄마라는 말처럼

**copy** 아기, 말 배우는) 엄, 마!
NA) 이보다 더 이쁜 말이 있을까?

소녀, 애교 있게) 엄마~
NA) 이보다 더 사랑스런 말이 있을까?

청년, 혼자 불러보는) 어머니!
NA) 이보다 더 따듯한 말이 있을까?

우리가 태어나 가장 먼저 배우는 그 말.
매일, 작은 기쁨에나 큰 시련 앞에서나
가장 먼저 찾고 부르는 그 이름.

이 세상, 엄마라는 말처럼,
매일유업

소녀) 엄마!


## 신세계 송년 신문광고

**key word** 또 하나의 10년, 당신은 상상해보셨습니까?

**copy** 조금 전, 친구의 전화를 받고
난 깜짝 놀라고 말았습니다.
10년 후엔 남편과 함께
세계여행을 가기로 결정하고
오늘 적금까지 들었다는 겁니다.

나를 놀라게 한 건 세계여행이 아니라,
먼 얘기로만 알고 있던 10년 후를
구체적으로 계획하고 있단 사실이었습니다.

그때, 내 나이 마흔 고개.
눈가에 늘어나는 잔주름 때문에
한숨도 꽤 쉬겠지요.

그러나 그때쯤 내겐,
젊음이 가지지 못하는 우아함과,
의젓한 진짜 어른이 되어 있을 그이와,
초등학생이 되어 있을 나의 아이…
얼마나 사랑스러울까요.

이제, 내게 주어진 또 하나의 10년.
부끄럼 없는 아이의 엄마로서,
내가 꿈꾸어온 신념과 행복을
활짝 꽃피워 갈겁니다.

오늘 밤엔, 그이와 나란히 앉아
다가오는 10년을 계획해야겠습니다.

지금은, 단순한 1년의 시작이 아닌
새로운 10년의 시작.
신세계도 10년 후를 생각하며
아름다운 당신의 오늘과 함께 하겠습니다.

## 삼성카메라 졸업 시즌 인쇄광고

**key word**　아버지는 동해바다를 선물해주셨습니다

**copy**　집을 떠나 끝없는 바다 앞에 선 지금,
가족, 친구들, 선생님들과 함께 해온 것들을
새로운 눈으로 보고 또 느낍니다.
아버지가 주신 내 졸업선물은
카메라와 차표 한 장, 그리고
세상을 보는 넓은 마음이었음을.

이 순간, 내가 보는 감동과 다짐도 담고,
내 앞에 펼쳐질 큰 미래, 더 넓은 세상도
카메라에 소중히 담겠습니다.

더 큰 인생을 담는 졸업선물,
삼성카메라

# 스토리텔링

키워드를 발상하는 또 하나의 방법으로 스토리텔링(Storytelling)
이 있습니다. 일반적으로 '드라마화(Dramatize)'라고도 하지요. 사
실 우리는 매일 드라마와 영화, 소설 등의 '이야기' 속에서 살아
가고 있습니다. 거기엔 갈등과 고난이 있고, 행복과 희망, 그리
고 유머와 재미와 감동이 함께 합니다. 그런 것들을 하나의 방
향으로 압축해내면 재미있거나 감동적인 광고 한 편이 태어나는
거지요. 다음에 예로 든 모닝글로리 백년일기장 라디오광고는
'보존기간 백 년'이라는 걸 스토리텔링 해서 실제 광고로 만들었
습니다.

스토리텔링이란 건 그야말로 '이야기하기'입니다. 사전적으론
'어떤 사물이나 사실, 현상에 대해 일정한 줄거리를 가지고 하는
말이나 글'이란 설명이 붙지요. 여기서 중요한 건 물론 '줄거리'인

데, 영화나 드라마처럼 광고에서도 가슴 뭉클하거나 재기 발랄한 줄거리로 사람들의 마음을 붙잡는 겁니다. 특히 줄거리를 지속적으로 가져가는 광고는 여러 편으로 시리즈화되는 게 통상적이고, 이런 광고일수록 전체 시리즈를 관통하는 하나의 키워드가 중요한 역할을 맡게 되지요. 시리즈 광고로 썼던 다음의 빌트모아 라디오광고처럼 말입니다.

이러한 스토리텔링 광고는 '이야기'가 중요하기 때문에, 진정성의 광고 사례와 같이, 그 이야기가 구체화된 카피나 요약된 내용을 함께 제시합니다.


## 모닝글로리 백년일기장 라디오 CM

**key word**   오래오래 변치 않는 일기장을 선물하다

**copy**   (S.E: 비행음)
소녀) 2090년 12월,
마이클 잭슨 기념관은 정말 황홀했다.
(BGM: 마이클 잭슨의 음악 흐르면서)
모든 것이 백 년 전 그대로였다.
그가 늙지 않으려고 만들었다는 특수산소방엔
친구였던 거북이까지 살고 있었다.
그러나 단 하나, 일기장만은
애처로울 정도로 폭삭 삭아있었다.
로봇) 보존기간 백 년 이상… 모닝글로리 백년일기장…
소녀) 조용해, 알파.
내가 그 시대에 살았더라면

오래오래 변치 않는 일기장을 선물했을 텐데…

NA) 모닝글로리 백년일기장

중성지로 만들어 백 년 이상 보존됩니다.


## 빌트모아 라디오 CM

**key word** 행동파 활동정장

**copy_1** 여 1) 어머, 저 사람,

우리 회사 미스터 빌트 아냐?

여 2) 바람소리 나게 바쁜 사람이 서점엘 다?

여 1) 너 몰랐니? 저 사람, 굉장한 독서광이야.

여 2) 읽으면서 뛴다 이거지? 역시 멋있어!

NA) 행동파 활동정장, 빌트모아

여 1) 책만 읽지 말고 내 마음도 좀 읽어줬으면…

**copy_2** 여 1) 간밤에 회식 어땠니?

여 2) 말 마. 미스터 빌트 있잖아,

노래를 얼마나 잘하는지…

여 1) 정말?

여 2) 그것도 최신 유행곡으로만!

여 1) 그 바쁜 사람이 언제 그런 노래를?

여 2) 바빠도 할 건 다 한다는 거, 몰랐지?

NA) 행동파 활동정장, 빌트모아

여 1) 그 노래, 전부 내가 가르쳐준 건

정말 모를 거다.

**copy_3** 여 1) 퇴근 후에 뭐 할 거니?

여 2) 오페라 관람.

여 1) 소개팅한 그 미스터 빌트랑?

여 2) 그러엄.

여 1) 어머, 축하해.

근데, 바람소리 나게 바쁜 사람이 오페라를?

여 2) 바쁠수록 여유와 지성을

겸비해야 한다나, 호호.

NA) 행동파 활동정장, 빌트모아

S.E) 전화벨 소리

여 1) 어머, 우리 미스터 빌트도?


다음의 삼성생명 잡지광고는, 자녀의 미래를 생각하는 가장의 마음을 아빠와 자녀 간의 재미있는 스토리텔링으로 풀어내면서 보험의 필요성을 얘기하지요.


## 삼성생명 잡지광고

**key word**  아빠, 그 아버지에 그 아들이 뭐야?

**copy**  – 응, 그건 너랑 내가 똑같다는 뜻이야.

– 뭐가 똑같아?

– 눈도 똑같고, 코도 똑같고…

– 공부하는 것도 똑같나 봐?

– 왜?

– 엄마가 그러는데, 아빠가 나만 할 때

공부 되게되게 못했대.

– 아냐 아냐, 아빠가 언제?

– 할머니가 다 얘기해줬다는데?

– 그래서 너…?

– 히힛, 80점도 잘했대, 뭐!

아빠로서 가장으로서,
가정의 행복과 다음 세대의 미래를 위한
세심한 사랑의 배려.
삼성생명과 함께 더 밝은 내일을 설계하세요.

[삼성생명 / print]

# 비교광고

강력한 키워드를 도출하는 방법으로, 비교광고를 마지막으로 꼽을 수 있습니다. 광고사에서 유명한 비교광고의 정석은, 미국의 두 렌터카(Rent-a-car) 업체의 인쇄광고 전쟁입니다. 당시 미국의 렌터카 시장은 막강한 1위의 허츠(Hertz)와 여러 군소업체들이 있었고, 에이비스(Avis)는 1위에 한참 뒤쳐진 작은 2위 업체였지요. 그런데 이 에이비스가 1위인 허츠에게 도전장을 내민 겁니다. 이런 키워드로 말이지요.

key word   Avis is only No.2 in rent a cars. So why go with us?
(에이비스는 렌터카 업계에서 2등일 뿐입니다. 그럼 왜 우리
와 갈까요?)

When you're only No.2, you try harder. Or else.
(당신이 2등일 뿐이라면, 당신은 더 열심히 하겠지요?)

Avis can't afford dirty ashtrays.
(에이비스는 지저분한 재떨이를 허용하지 않습니다.)

## 결국 1위인 허츠는 이런 키워드로 반격에 나섭니다.

**key word** For years, Avis has been telling you Hertz is No.1.
Now we're going to tell you why.
(몇 년간, 에이비스는 허츠가 1등이라고 말해왔습니다.
이제 그 이유를 말하겠습니다.)

그러나 이때는 벌써, 허츠의 시장점유율이 에이비스에게 잠식당하고 있는 상황이었습니다. 어떻습니까? 자신은 2위이기 때문에 살아남기 위해 재떨이 하나도 소홀히 하지 않는다고 합니다. 이렇게 에이비스는 1위 허츠와 자신을 비교해가며 가멸차게 공격함으로써, '큰 2위'가 되는 동시에 허츠의 광활한 시장을 빼앗았지요. 이 사례는 시장 내 작은 2위가 1위에게 덤벼서 2위 자리를 크게 굳히고 성공했다고 해서 포지셔닝(Positioning) 광고라고 하기도 하지요.

이 비교광고는 특히 경쟁이 치열한 시장을 파고들어 가야 하는 후발주자들에게 권할 만합니다. 맥도날드가 매장에서 커피를 판매하기 시작하면서 내놓은 맥카페(McCafe) 실제 실험 광고는 그 대표적인 사례이지요. 처음에 실험자는 피실험자에게 두 잔의 커피를 내놓으며, 하나는 맥카페의 가격대인 2,000원, 또 하나는 브랜드 커피숍의 가격대인 4,000원짜리 커피임을 얘기해줍니다. 두 잔의 커피를 맛본 피실험자는 4,000원짜리 커피가 더 맛있다고 말합니다. 그럴 때, 이런 키워드가 등장하지요.

**key word**   사실은 두 잔 모두 맥카페였습니다

가격이 싸면 커피 맛이 좋지 않을 거라는 소비자의 잘못된 인식을 바로잡아주는, 참 잘 만든 비교광고입니다. 처음 이 광고를 보면서 '나는 왜 이런 아이디어를 내지 못하지?' 하고 자책했던 기억이 납니다. 이렇게 선두주자와의 비교에 포커싱 하면 아주 강력한 아이디어와 키워드를 도출할 수 있지요. 비교광고는 이처럼 팩트 제시나 실제 실험으로 자신의 강점을 주장하지만, 크리에이티브로 경쟁사를 누르는 또 다른 방법도 있습니다. 국내에서도 한때 콜라 맛을 비교하는 펩시 첼린지(Pepsi Challenge)가 진행돼 큰 반향을 불러일으켰듯이, 코카콜라와 펩시는 유머러스한 크리에이티브로 오랫동안 비교광고를 해오고 있습니다.

눈 내리는 밤의 한 휴게소 식당. 코크 기사와 펩시 기사가 나란히 앉아 자신의 회사 콜라를 마시며 친해집니다. 코크 기사는 펩시 기사에게 코크를 권하지요. 펩시 기사는 주위를 살피며 코크를 맛보고 좋아하며 돌려줍니다. 이번엔 펩시 기사도 코크 기사

에게 펩시를 권하죠. 역시 주위를 살피고 펩시를 맛보는 코크 기사. 그러나 그는 펩시를 돌려주지 않습니다. 밖으로 유리창이 깨지고 의자가 내동댕이쳐지면서, 다음과 같은 키워드가 나오지요.

key word　Nothing else is a Pepsi
　　　　　(펩시만 한 건 없다)

# 키워드의 탄생

이제, 크리에이티브 브리프와 그 속에 기록된 크리에이티브 컨셉을 계속 보고 마음에 새기면서 키워드를 써 내려갑니다. 그런데 하나의 컨셉으로 키워드는 대체 얼마나 써야 할까요? 일단은, 많이 써봐야 합니다. 저는 초보들에게 보통 한번에 50개에서 100개 정도의 키워드를 주문하지요. 이 중요한 키워드를 겨우 10개 써놓고는, 엄청난 산고 끝에 다 낳았다고 할 수는 없지 않겠습니까?

다시 한번 말하지만, 키워드는 단어도 될 수 있고, 물음표나 느낌표 하나로도 가능하지만, 기본적으로는 문장(Sentence)으로 쓰는 게 정석입니다. 많이 쓰라고 요구하면, 단어들로 처음부터 끝까지를 채우는, 깜찍한 경우도 있어서 하는 말입니다. 자꾸 써 내려가다 보면 이거다 싶은 게 등장하기도 하는데, 거기서 멈추면 안 되지요. 괜찮다고 느껴지는 키워드는 일단 덮어두고, 또 새롭게 발상하면서 계속 써나가야 합니다. 그렇게 끈기 있게 써 내려가다 보면, 이거다 싶은 키워드가 계속 등장하기도 하고, 처음에 괜찮았던 키워드가 평범해 보이기도 하지요.

키워드 역시 쓴 다음에는, 그것을 선택하는 단계가 필요합니다. 그 기준은 어느 키워드가 컨셉을 놓치지 않으면서도 사람들의 눈과 귀를 확실하게 붙잡을 수 있는가 하는 겁니다. 물론, 제품이나 기업이 직면한 문제를 해결할 수 있으면서, 크리에이티브하거나 임팩트 있는 게 보인다면 금상첨화겠지요. 단, 키워드는 하나만 결정하지 말고, 3-5개 정도를 선택하는 게 좋습니다. 키워드 그 자체로는 아주 좋은데, 이어지는 키비주얼 도출이나 카피 완성 단계에서 어려움을 겪는 경우도 있고, 또 키비주얼과 조화를 이루게 되면서 키워드로만 존재할 때보다 훨씬 더 빛을 발하는, 즉 비주얼과 시너지 효과를 내는 키워드도 있게 마련이니까요.

이 과정에서도 입문자들의 키워드 사례들을 제시합니다. 물론 앞에서 본인이 작성한 크리에이티브 브리프 상의 크리에이티브 컨셉 하에 각자가 써낸 키워드들입니다. 자신이 도출한 컨셉을 기본으로, 100% 자력으로 탄생시킨 키워드들이기에, 참고용으로는 더없이 좋겠다 싶었습니다. 각자가 써낸 50개 이상의 키워드들 중에서 20개씩을 발췌했고, 선택된 키워드들은 맨 위쪽으로 올려서 밑줄 긋기로 표시했습니다.

## Creative Brief (1)의 키워드

brand | **핫식스**

concept | **지치지 않는 에이스의 힘**

target | **과제와 학업, 업무에 지쳐가는 20-30대**

1. 뜨거운 6개의 심장이 뛴다, hot6ix

2. 오늘도 천하무적!

3. 시간을 지배하는 자

4. 강할수록 준비가 필요한 거다

5. 오늘도 밤하늘과 하이파이브

6. 내일 아침, 엄지를 치켜세우다

7. 뛰는 놈 위에 나는 놈, 나는 놈 위에 핫식스 있다

8. 핫식스의 오늘에 포기란 없다

9. 따라오는 건 네 마음이다

10. 불 끄는 순간까지 나에게 올인!

11. 에이스는 말보단 행동이다

12. 에이스가 되는 암호, hot6ix

13. 오늘 밤도 에이스의 시계는 멈춰 서있다

14. 피할 수 없다면 미쳐라, 핫식스

15. 앞서가는 자에겐 핫한 여유가 있다

16. 에이스는 원래 뜨거운 법이니까!

17. 프로의 조언: 새벽 6시를 잡아라!

18. 땅을 보지 않는다, 에이스는 하늘을 본다

19. 진짜를 알아보는 핫한 녀석

20. 진정한 에이스는 뒤에 오는 자들을 기다릴 줄 안다

## Creative Brief (2)의 키워드

| | |
|---|---|
| brand | **핫식스** |
| concept | **청춘을 빛내는 끈기** |
| target | **주어진 일을 끝내야 마음 편할 수 있는 청춘세대** |

1. 꿈보다 해몽보다 열정!

2. 별처럼 깨어있는 내가 좋다

3. 내 안에 파란을 핫하게 밝히다

4. 낮보다 밤이 빛나는 당신, 핫식스맨

5. 잠든 자에게도 내일은 온다. 나는 내가 먼저 내일을 본다

6. 내일이 겁나는 자에게 최적의 처방전

7. 미뤄진 취침, 성공으로 가는 지침

8. 9회 말 2아웃, 역전의 밤이 시작된다

9. 당신의 끈기에 엔진을 달아줄 것이다

10. 밤샘의 끝은 진정으로 편안한 아침이 되어야 합니다

11. 내일의 결과는 오늘 밤 결정된다

12. 포기하거나 버티거나! 선택은 당신의 미래입니다

13. 자는 만큼 늦는다. 버티는 만큼 빛난다

14. 흘릴 눈물의 양은, 흘린 땀방울에 반비례한다

15. 밝아라, 핫 청춘!

16. 끈기라는 밤샘의 핫시피

17. 칠전팔기의 밤이 펼쳐진다

18. 오늘 밤 버티기 한판, 찬란한 내일 아침!

19. '핫!'식스 마시고 '확!' 깨자

20. 바닥난 열정에 파란을 붓다

## Creative Brief (3)의 키워드

brand | **광동 옥수수수염차**

concept | **가볍게 내려놓는 차**

target | **스트레스가 심한 30-50대 초반 직장인 남성**

 

1. 마음, 가볍게 내려놓자

2. 당신, 잠시만 내려놓으세요

3. 삶이 무거운 당신에게

4. 당신은 너무 무거운 사람입니다

5. 내려놓으면 산뜻함이 찾아옵니다

6. 무거운 오늘, 살포시 내려놓으세요

7. 열 받을 땐, 가볍게 내려놓기!

8. 향긋하게 마시는 내려놓음이 좋습니다

9. 시간을 되돌릴 수 있을까요?

10. 한 모금으로 가볍게 마음 비우기

11. 힘들 땐 술보다 옥.수.가 보약입니다

12. 가볍게 당겨주는 차, 광동 옥.수.차

13. 옥수수수염이 당신의 마음을 쓰다듬어줍니다

14. 피로도 화도 마시면서 내려놓자

15. 차가 보약일 수도 있습니다, 광동 옥수수수염차

16. 또 야근이세요? 몸도 마음도 챙기셔야죠

17. 1초의 처방

18. 어떤 수염은 나를 편안하게 해준다

19. 시간이 모자랄수록 옥.수.부터 마셔요

20. 옥수수수염차는 광동이 잘 내립니다

| | |
|---|---|
| brand | **광동 옥수수수염차** |
| concept | **주름 없이 아름다운 미소** |
| target | **팔자주름, 눈가주름에 신경 쓰는 20-30대 여성** |

1. 난, 당신의 미소가 좋아요
2. 당신은 활짝 웃을 때 가장 아름답습니다
3. 시간을 멈추는 마시는 습관
4. 동안미소를 위해 마시는 피부보험
5. 모나리자는 주름이 없다
6. 웃음꽃만 피었습니다
7. 당신의 미소를 지켜주는 착한 차
8. 주름잡을 미래는 지금부터 지켜주세요
9. 당신의 미소는 몇 살입니까?
10. 세 살 미소 여든까지
11. 꿀미소 V라인
12. 마시는 세월 지우개입니다
13. 화장으로 가릴 수 없는 시간의 흔적이 있습니다
14. 웃을 때 보면, 어떤 차를 마시는지 알 수 있습니다
15. 웃을 때마다, 민증을 제시해주세요
16. 주름을 스트레칭 하듯
17. 피부가 사랑하는 차
18. 나의 미소 전성기는 옥수수수염차로부터
19. 한 손에 들고 다니는 미소사냥꾼
20. 마음껏 웃기에 당신은 행복한 사람입니다

## Creative Brief (5)의 키워드

brand | **미스터피자**

concept | **맛있는 수다 한 조각**

target | **작은 변화에도 민감한 20대 대학생 및 직장인 여성**

    1. <u>Talk 튀는 피자</u>

    2. <u>수다를 피자(PIZZA)</u>

    3. <u>맛있게 수다하자</u>

    4. 수다꽃이 피었습니다

    5. 피자 채팅

    6. 맛있게 떠드으리!

    7. 여자에겐 한 조각이 필요해

    8. 여자 셋, 이야기 한판

    9. 피자 한 조각, 수다 한 조각

10. 우리의 Mr. 수다방이 개설되다

11. 피자와 토크는 천생연분

12. 피자는 맛있고, 수다는 무제한이고

13. 웃음이 활짝, 맛이 활짝

14. 오늘 얘기는 맛있게 피자

15. 치즈(^_____^)한 오늘

16. 미스터피자가 400% 맛있는 이유 (원칙 300% + 수다 100%)

17. 피자와 함께 수다하다

18. 8 Talk Time (피자의 8조각을 말함)

19. Piece Maker

      (Peace Maker는 '전쟁의 중재자'. 수다 한 조각의 즐거운 중재자)

20. Mr. I love EAT! (I love it과 같은 발음)

## Creative Brief (6)의 키워드

brand | **미스터피자**

concept | **여자에게 가장 행복한 순간**

target | **스트레스 받는 2030 여성**

1. 오늘 중 가장 행복한 순간(The happiest moment of the day)
2. 따끈한 미소를 구워드립니다
3. 제일 맛있는 미소
4. 행복 한 조각을 집어라
5. 8개의 미소
6. 오늘, 당신의 클라이맥스
7. 시간을 멈추고 싶은 이 순간
8. 행복한 순간을 지배하자
9. 익숙함이 설레는 순간
10. When you smile
11. 이 순간의 행복, 놓치지 말아요
12. 여자는 맛있는 것 앞에 약하다
13. 보기만 해도
14. 잡는 순간, 행복이 된다
15. 미스터 앞에선 양보란 없다
16. 누가 여자를 복잡하다고 했나요?

    (미스터피자 한 조각이면 행복해지는데)
17. 행복? 피자 말고 미스터피자
18. 행복은 순간, 미련은 평생
19. 남자는 아무것도 몰라요
20. 오늘의 행복을 내일로 미루지 마세요

## Creative Brief (7)의 키워드

brand | **미스터피자**

concept | **미래에서 온 여자 피자**

target | **건강과 새로운 맛에 관심 있는 2030 여성**

    1. <u>이번에도, 지구에 없던 맛이 나타났다</u>

    2. <u>당신을 찾아 미래에서 왔다</u>

    3. <u>미래의 유혹</u>

    4. 새로운 메뉴의 끝판왕

    5. 굳이 외계의 맛이라고 말하지 않겠습니다

    6. 내일이 기다려진다

    7. 당신의 미스터는 오늘도 새롭다

    8. E.T.도 못 먹어봤다

    9. 미래는 어떤 맛일까?

10. 300% 앞선 피자 기술

11. 차원이 다른 피자의 맛

12. 우주 최초, 궁극의 수제 도우

13. 이왕이면, 새로운 피자 먹자

14. 피자의 신세계

15. 미스터는 여자의 입맛을 안다

16. 피자 기술 총집대성

17. 미래가 개발한 피자의 맛

18. 고백: 이런 피자는 처음이다

19. 그래도 참는 여자는 나빠요 (새로운 맛을 기다리고 있다면)

20. 맛있는 미래 씨

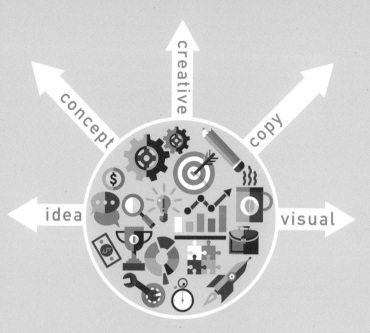

CHAPTER 6

# 카피의 요소

넌 이름이 뭐니?
인쇄광고 카피 요소
전파광고 카피 요소

# 넌 이름이 뭐니?

한때 유행했던 말입니다. 지금도 가끔 예능 프로에서 등장하고 있으니, 생명력이 꽤 길지요? 왜 이 말을 꺼내는가 하면, 카피의 이름들에 대해서 얘기를 해볼까 싶어서입니다. 한 편의 광고는 언어적인 요소와 시각적인 요소로 구성된다고 했지요? 이때의 언어적인 요소 일체가 '카피(Copy)'에 해당하는데, 일반인들은 예전부터 광고 문안이나 문구라고들 불러왔지요. 그래도 광고를 좀 아는 사람들은 콕 집어 '카피'라고 정확하게 불러주기도 하는데, 사실 하나의 광고 안에는 몇 개의 카피 요소들이 자리를 잡고 있습니다.

저마다 다른 카피 요소들은 나름 괜찮은 이름들을 가지고 있습니다. 그런데 카피 입문자들은 이 이름들에 대해 간혹 혼란을 겪기도 합니다. 심지어는 광고 현업에서도 이런 혼란을 목격하게 되니까요. 그래서 키워드를 구체화시키는 단계로 들어가기 전에, 미리 이 이름들을 한번 정리해보려고 합니다. 비단 이 과정에서뿐만 아니라, 한 팀을 이뤄서 작업하는 팀원들 사이에서도, 그리고 광고 현업의 크리에이터들 사이에서도 정확한 용어 사용으로 커뮤니케이션의 에러를 줄일 수 있을 테니까요.

1장에서 신문, 잡지, TV, 라디오를 전통적인 4대 매체라고 했지요? 이 4대 매체를 ATL이라고 부르면서 BTL과 구분 짓지만, 이 두 그룹의 크리에이티브를 별개로 여길 필요는 없다고도 했습니다. 이들 크리에이티브 속 카피들도 마찬가지이지요. 이 책에선, TV와 라디오의 전파광고, 신문과 잡지의 인쇄광고를 중심으로 카피를 설명합니다. 따라서 아웃도어 광고나 온라인 광고처럼 인쇄광고적 성격이 강한 BTL의 카피는 인쇄광고 카피의 용어를 사용하면 되고, 바이럴 광고처럼 전파광고적 성격이 강한 광고는 전파광고 카피의 용어를 사용하면 되는 거지요.

한 가지 더, 거듭 분명히 말해둘 것은, 앞 장에서 도출된 키워드가 인쇄광고에선 '헤드라인(Headline)'으로, 전파광고에선 '키카피(Key Copy)'로 사용되며, 전체 광고의 슬로건으로도 사용된다는 사실입니다. 물론, 매체의 성격에 따라 변형(Variation)도 가능하지요. 자, 이제 당신이 만나는 카피들에게 물어보도록 하겠습니다. 넌 이름이 뭐니?

# 인쇄광고 카피 요소

인쇄광고 카피의 핵심은 헤드라인(Headline)입니다. 신문 기사 위에 큼지막하게 붙는 헤드라인과 같은 거지요. 그리고 이들 헤드라인이 구독자의 시선을 잡아끌어서 그 기사를 읽게 하는 것처럼, 광고 헤드라인의 가장 큰 역할 또한 사람들의 관심을 잡아끄는 거지요. 신문을 포함한 인쇄광고의 헤드라인이 공통적으로 대문짝 만한 크기를 가지는 건 바로 이 역할과 무관하지 않습니다. 물론 그 내용이 훨씬 더 중요하지만, 일단 사이즈로 시선을 압도하는 거지요. 인쇄광고에 있어 헤드라인의 중요성은 골백번 강조해도 과하지 않습니다.

　헤드라인과 함께 인쇄광고 카피의 기본을 이루는 건 바디카피(Body Copy)입니다. 요즘의 많은 인쇄광고들이 헤드라인과 이 바디카피만으로 구성되지요. 바디카피는 헤드라인의 내용을 이

어받아서 광고가 전하고 싶은 내용을 직접적으로 얘기하는 겁니다. 신문의 기사라고 보면 되지만, 분량은 훨씬 적지요. 헤드라인과 바디카피 사이에 서브헤드(Subhead)가 있는 인쇄광고도 꽤 있습니다. 특히 한 광고의 헤드라인이 완전히 시선 끌기에 주력할 경우엔 서브헤드가 헤드라인의 내용을 보완해주는 역할을 하지요. 또 헤드라인에 브랜드가 들어있지 않을 땐 서브헤드에 브랜드를 포함시켜서 강조하기도 합니다. 서브헤드 역시 인쇄광고 카피의 기본적인 요소이긴 하지만, 요즘은 예전만큼 선호되지는 않는 게 사실입니다.

이 세 개의 기본 요소에 더해 알아두면 좋은 카피의 다른 요소들을 알아볼까요? 먼저, 오버헤드(Overhead)가 있습니다. 헤드라인 위에 붙어서 헤드라인을 보완하지요. 요즘은 이 오버헤드와 헤드라인을 합쳐서 그냥 헤드라인이라고 부릅니다. 다음은 리드카피(Lead Copy)가 있습니다. 분량이 많은 바디카피는 두세 개의 작은 그룹으로 쪼개는데, 각 그룹마다 헤드라인처럼 작게 붙이는 게 리드카피입니다. 각 그룹의 바디카피 내용을 요약해서 만드는데, 양이 많은 바디카피를 읽게 하려는 의도도 있고, 그런 바디카피를 잘 읽어주지 않는 사람들에게 이것만이라도 봐달라는 의도도 있지요. 신문광고에 가끔 등장하긴 하지만, 요즘은 대개 브로슈어(Brochure)나 리플릿(Leaflet) 같은 데서 많이 볼 수 있습니다.

이 외에, 아이캐처(Eye-catcher)는 주로 모델이 직접 얘기하는 것처럼 보이기 위해 모델 가까이에 붙는 간결한 카피입니다. 아이캐처는 만화처럼 인물의 말풍선 모양 속에 넣기도 하지요. 캡션(Caption)은 제품 사진이나 일러스트를 설명하기 위해 그 주위에 작게 처리하는 카피이고, 박스(Box)는 실험 결과나 비교 분석 등 돌출시켜야 할 내용을 바디카피 내에 박스 형식으로 넣는 걸 말합니다.

또 하나의 중요한 카피 요소인 슬로건(Slogan)은, 인쇄광고와 전파광고에서 공통으로 사용됩니다. '기업의 정체성이나 상품 특성을 장기간 반복적으로 전달하는 간결한 말 혹은 문장'이라고 정의되는 이 슬로건은 세 가지로 나뉩니다. 기업 슬로건(Corporate Slogan)과 브랜드 슬로건(Brand Slogan), 그리고 캠페인 슬로건(Campaign Slogan)으로 말입니다. 회사명과 브랜드가 동일한 경우엔 기업 슬로건과 브랜드 슬로건 역시 구분이 안 되지요.

기업 슬로건의 대표적인 예는, 한때 인구에 회자했던 '기술의 상징'(금성)과 '첨단기술의 상징'(삼성전자)이 있습니다. 금성의 '순간의 선택이 10년을 좌우합니다'와 농심의 '라면은 농심이 맛있습니다'도 유명했지요. '갈증 해소를 위한 음료'는 게토레이라는 제품의 브랜드 슬로건입니다. 이러한 기업 슬로건과 브랜드 슬로건은 기업명과 브랜드의 로고 위에 보통 위치하지요.

광고적으로 중요한 캠페인 슬로건은 특정한 캠페인을 관통하는 슬로건입니다. SK텔레콤 한 광고주만 봐도 새로운 캠페인이 전개될 때마다 '잘 생겼다', '이상하자', '생활플랫폼'과 같은 캠페인 슬로건을 차례로 내세웁니다. 선거 때마다 이슈가 되는 슬로건 역시 이 캠페인 슬로건의 대표적인 사례이지요. 슬로건과 카피가 어떻게 다르냐고 묻는 사람도 있는데, 슬로건은 카피의 한 요소입니다. 다시 말해, 카피는 아주 큰 울타리이고, 슬로건은 그 울타리 안의 한 부분이라는 거지요.

앞에서도 말했듯이, 요즘은 많은 인쇄광고들이 헤드라인과 바디카피로 구성되어 있지요. 그래서 카피의 여러 요소를 가능한 한 광고물에서 보여주기 위해, 예전에 제가 썼던 카피의 광고물들을 예시로 제시합니다. 특히 '풀무원 옹고집 이야기 시리즈'는 풀무원이 처음 세상에 내놓은 광고물이자, 제가 카피라이터로 입문한 광고이기도 하지요.

## 선생님을 울린 헬렌켈러의 편지

← 헤드라인

helen will write mother
letter papa did give helen
medicine mildred
will sit on swing
mildred will kiss
helen teacher did give
helen peach
george is sick in
bed george an m hunt.
anna did give helen
lemonade dog did
stand up.
conductor did punch
ticket papa did give
helen drink of water
in car
conductor did give helen
flowers anna will buy
helen pretty new hat
helen will hug and kiss
mother helen will come
home grandmother does
love helen

캡션

설리번 선생의 가르침으로
7세때부터 글씨를 쓰기
시작한 헬렌켈러가 자신의
어머니에게 쓴 편지.

옆에서 지켜보던 선생님까지 울어버린 한장의 편지.
그 속엔, 보지도 듣지도 말하지도 못하는 한 소녀를 세계 장애인의
어머니로 키워낸 숭고한 사랑이 숨어 있습니다.
헬렌켈러에게 말과 글은 물론, 인생의 참의미를
가르쳐준 평생의 스승, 설리번 여사.

모닝글로리는 그 깊은 사랑을 소중히 합니다.
세계 50개국 아이들의 꿈과 함께 하기에—
정직하게 만드는 문구, 모닝글로리.

← 바디카피

← 기업 슬로건&
브랜드 슬로건

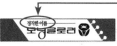

정직한 이름
모닝글로리

[모닝글로리/print]

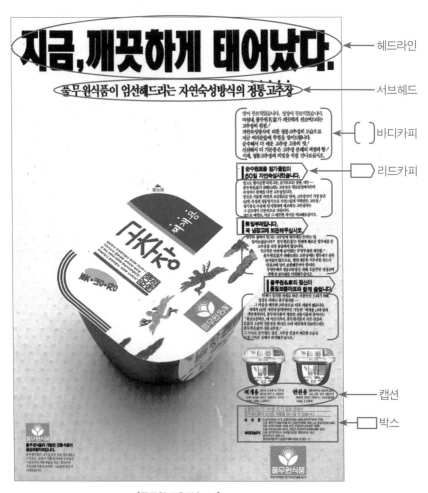

헤드라인

서브헤드

바디카피

리드카피

캡션

박스

[풀무원 고추장 / print]

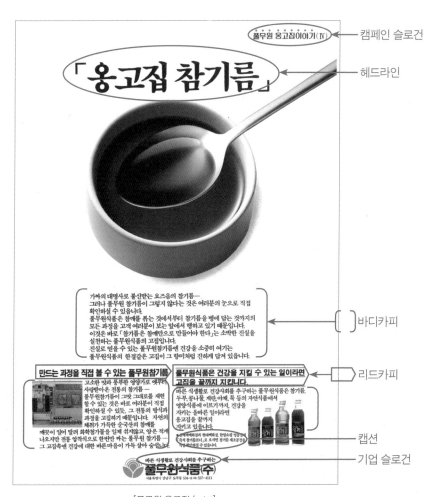

캠페인 슬로건

풀무원 옹고집이야기(IV)

# 「옹고집 참기름」

헤드라인

바디카피

가짜의 대명사로 불신받는 요즈음의 참기름—
그러나 풀무원 참기름이 그렇지 않다는 것은 여러분의 눈으로 직접
확인하실 수 있습니다.
풀무원식품은 참깨를 볶는 것에서부터 참기름을 병에 담는 것까지의
모든 과정을 고객 여러분이 보는 앞에서 행하고 있기 때문입니다.
이것은 바로「참기름은 참깨만으로 만들어야 한다」는 소박한 진실을
실천하는 풀무원식품의 고집입니다.
진실로 믿을 수 있는 풀무원참기름엔 건강을 소중히 여기는
풀무원식품의 한결같은 고집이 그 향미처럼 진하게 담겨 있습니다.

리드카피

### 만드는 과정을 직접 볼 수 있는 풀무원참기름

고소한 맛과 풍부한 영양가로 예로부터
사랑받아온 전통의 참기름 —
풀무원참기름이 그맛 그대로를 재현
할 수 있는 것은 바로 여러분이 직접
확인하실 수 있듯, 그 전통의 방식과
과정을 고집하기 때문입니다. 자연에서
채취가 가득한 순국산의 참깨를
깨끗이 일어 말려 화학첨가물을 일체 쓰지않고, 양은 적게
나오지만 전통 압착식으로 한반한 짜는 풀무원 참기름 —
그 고집속엔 건강에 대한 바른마음이 가득 살아 숨쉽니다.

### 풀무원식품은 건강을 지킬 수 있는 일이라면 고집을 끝까지 지킵니다.

바른 식생활로 건강사회를 추구하는 풀무원식품은 참기름,
두부,콩나물, 계란, 야채, 묵 등의 자연식품에서
영양식품에 이르기까지, 건강을
지키는 올바른 일이라면
고집을 끝까지
지키고 있습니다.

캡션

기업 슬로건

바른 식생활로 건강사회를 추구하는
**풀무원식품(주)**

[풀무원 옹고집/print]

# 전파광고 카피 요소

전파광고도 카피와 비주얼로 구성되긴 마찬가지입니다. 라디오
CM에는 비주얼이 없지 않냐고요? 천만의 말씀입니다. 확실한
정보 전달을 위해 질러주는 카피를 제외하면, 라디오 CM 역시
비주얼이나 하나의 상황을 떠올리게 해주니까요. 이 얘기는 나
중에 다시 한번 하기로 하고, 여기선 전파광고 공통의 카피 요소
부터 알아보겠습니다.

먼저, 내레이션(Narration)은 성우가 읽어주는 카피로, 콘티 등
에선 일반적으로 'NA'라고 표기합니다. 요즘은 그 광고에 등장
한 모델이 성우 대신 읽기도 하지요. 〈동물의 왕국〉 같은 다큐
멘터리를 보면 성우가 상황을 설명해주지 않습니까? 그것과 같
은 거지요. 이에 반해, 멘트(Ment)는 그 광고의 모델이 직접 말하
는 카피입니다. 영화나 드라마의 대사에 해당하지요. 콘티 등에

표기할 땐 '남', '여', '엄마', '아내', '친구' 등으로 적습니다. 멘트
가 내레이션과 다른 점은, 대개 모델의 립싱크가 있다는 사실이
지요. 그런 립싱크가 없이 모델의 생각이나 화면 밖에서 들려오
는 대사는 보이스 오버(Voice Over) 혹은 아웃 보이스(Out Voice)
로 표현합니다. 콘티 등에선 '여 V.O' 혹은 '남 O.V'로 적습니다.

이 외에, 배경음악(Background Music)은 'BGM'으로, 효과음
(Sound Effect)은 'S.E'로 표기합니다. CM송(Commercial Song)
은 'Song'으로 적고, 영상에 들어갈 자막은 그대로 '자막'이라
고 적습니다. 전파광고 역시, 카피를 디렉션했거나 직접 쓴 콘티
(Continuity)와 보드(Board)로 예시를 보여드립니다.

| | | |
|---|---|---|
| **Taster's Choice Ice Coffee  TV-CM** | | **Waves** |

S.E) 파도 소리 ◄──────────── 효과음

BGM) 서서히 들어오면서 ◄──────────── 배경음악

S.E) 댕그랑 ～

남 V.O) 초이스의 향을 따라서 ◄──────── 멘트
가만히 가만히 여름이 옵니다 (보이스 오버)

NA) 한 박자 천천히 여름 속으로 ◄──────── 내레이션

테이스터스 초이스

[테이스터스초이스 / continuity]

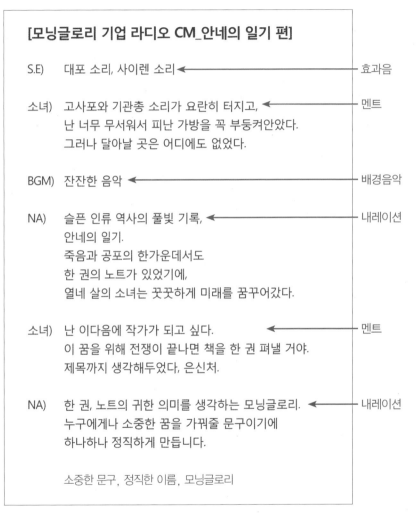

**[모닝글로리 기업 라디오 CM_안네의 일기 편]**

S.E) 대포 소리, 사이렌 소리 ◀───────── 효과음

소녀) 고사포와 기관총 소리가 요란히 터지고, ◀───────── 멘트
　　　난 너무 무서워서 피난 가방을 꼭 부둥켜안았다.
　　　그러나 달아날 곳은 어디에도 없었다.

BGM) 잔잔한 음악 ◀───────── 배경음악

NA) 슬픈 인류 역사의 풀빛 기록, ◀───────── 내레이션
　　　안네의 일기.
　　　죽음과 공포의 한가운데서도
　　　한 권의 노트가 있었기에,
　　　열네 살의 소녀는 꿋꿋하게 미래를 꿈꾸어갔다.

소녀) 난 이다음에 작가가 되고 싶다. ◀───────── 멘트
　　　이 꿈을 위해 전쟁이 끝나면 책을 한 권 펴낼 거야.
　　　제목까지 생각해두었다, 은신처.

NA) 한 권, 노트의 귀한 의미를 생각하는 모닝글로리. ◀───────── 내레이션
　　　누구에게나 소중한 꿈을 가꿔줄 문구이기에
　　　하나하나 정직하게 만듭니다.

　　　소중한 문구, 정직한 이름, 모닝글로리

[모닝글로리 / board]

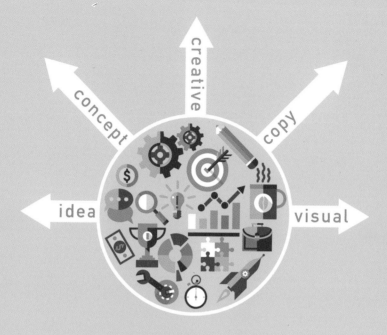

CHAPTER 7

# 키비주얼 도출과
# 카피 완성

# 카피 놀이터

지금까지 당신은 컨셉을 발견하고 그 컨셉을 바탕으로 키워드들을 도출하는 과정을 보았습니다. 그리고 카피의 여러 요소들도 확인했습니다. 이제는 그 키워드들 중에서 매체별로 적합한 키워드를 하나씩 선택하고, 그것을 기본으로 키비주얼을 찾아내며, 카피 요소들을 사용해 전체 카피를 완성하는 단계에 들어섰습니다. 따라서 지금은 키비주얼 도출에서부터 얘기를 시작해야겠지만, 그 전에 먼저 라디오광고 카피부터 짚어보려고 합니다.

라디오광고는 오늘날 그 위상이 많이 약화된 게 사실입니다. 그럼에도, 키비주얼과 카피 완성 단계의 맨 앞쪽에 라디오광고의 카피에 대해 얘기하려 하는 이유는 두 가지입니다. 첫째, 라디오광고는 가시적인 비주얼 없이 카피로만 구성된다는 것. 둘째, 라디오 CM의 카피는 모든 광고 카피의 기본이 된다는 것. 사실, 현업에서 다른 매체의 크리에이티브는 팀원 모두가 함께 아이디어를 내고 회의를 거치지만, 유독 라디오광고만은 카피라이터 혼자 카피로만 아이디어를 구사합니다. 라디오 CM을 카피라이터의 놀이터, 카피의 독무대라고 하는 건 이 때문이지요. 그래서, 라디오광고 카피에 관심을 가지고 지속적으로 써나가면, 카피 실력이 그만큼 늘어나면서 어떤 매체의 카피도 잘 쓸 수 있는 능력이 길러지는 겁니다. 이 책에서, 키워드 도출을 얘기하면서부터 라디오 CM 카피를 예시로 많이 제시하는 것도 이런 이유에서입니다.

라디오 CM은 시간대와 프로그램 성격에 따른 타겟의 적중률이 높은 반면에, 제작비나 매체비가 낮아 비용적 측면에서 효율적인 장점이 있습니다. 전파매체 치고는 제작기간도 지극히 짧아서, 메시지를 순발력 있고 유동적으로 끌고 갈 수 있지요. 더군다나 카피를 쓰는 입장에서 볼 때, 이 라디오광고의 최대 매력은 소리를 통해 무한한 상상력을 자극할 수 있다는 겁니다. 로봇이 등장하고 외계인과의 전쟁이 벌어져도, CG 비용 한 푼 들이지 않고 그 '장면'을 제대로 표현할 수 있으니까요.

이 '장면(Scene)'이라는 것. 라디오광고 카피를 쓸 땐 여기에 주목해야 합니다. 물론 내레이션만으로 메시지를 전하는 카피가 효과적인 경우도 있긴 하지만, 라디오 CM은 하나의 상황을 만들어서 그 장면을 청취자가 상상하게 만들어줄 때 빛을 발한다는 거지요. 드라마화(Dramatize)라고 해도 좋고, 스토리텔링

(Storytelling)이라고 불러도 좋습니다. 중요한 건, 정해진 키워드를 기본으로 해서 이렇게 하나의 장면을 생각하며 카피를 쓰면, 그렇지 않은 경우보다 훨씬 더 크리에이티브한 카피를 뽑아낼 수 있다는 사실입니다. 나아가, 이 점은 모든 광고 크리에이티브에 골고루 적용되는 것으로, 라디오 CM 카피를 잘 쓰면 어떤 매체의 카피도 잘 쓸 수 있다는 걸 입증해주는 것이기도 합니다.

예시를 보기 전에 한 가지 더 기억해둘 게 있지요. 6장 '카피의 요소'에서 이런 얘기를 했습니다. 도출된 키워드는 인쇄광고에선 '헤드라인(Headline)'으로, 전파광고에선 '키카피(Key Copy)'로 사용되며, 전체 광고의 슬로건으로도 사용된다고 말이지요. 그리고, 매체의 성격에 따라 변형(Variation)도 가능하다고도 했습니다. 따라서 라디오 CM은 전파광고의 일종이니까, 당연히 키워드는 키카피(Key Copy)로 불려야 하겠지요. 이 장에 소개되는 라디오광고의 키워드는 모두 '키카피'로 표기하고, 자세한 내용은 '전파광고 카피 완성'에서 더하도록 하겠습니다.

다음의 모닝글로리 라디오 기업광고 카피는 이렇게 장면을 생각하면서 드라마화한 사례이지요. 베토벤이 운명교향곡의 악보를 써나가는 장면, 독립선언서가 써지고 낭독되는 상황을 상상하며 쓰고 실제 라디오광고로 제작된 카피입니다.

## 모닝글로리 기업 라디오 CM_베토벤 편

**key copy**  문구의 의미를 생각하다

**copy**  BGM) 격렬한 피아노 연주음
남)  신은 내게 음악을 주고
  그리곤 아무 것도 들을 수 없는 운명을 주었다

NA)  베토벤,
  세상의 소리와 차단된 고통 속에서도,
  그는 다만 한 자루의 펜을 무기로
  자신의 모진 운명을 굴복시켜나갔다

남)  아무 것도 들을 수 없기 때문에
  오히려 나는 신의 음성을 들을 수 있다
  빗장을 걸어라, 운명의 빗장을 걸어라
  나에게 오기 위해 운명이 문을 두드리지 않는가
BGM: 운명교향곡) 밤밤밤밤~ 밤밤밤밤~

NA)  삶의 승리,
  그 귀한 펜의 의미를 생각하는 모닝글로리
  사람마다에게 소중히 쓰일 문구이기에
  하나하나 정직하게 만듭니다

  소중한 문구, 정직한 이름, 모닝글로리

# 모닝글로리 기업 라디오 CM_독립선언서 편

**key copy** 문구의 의미를 생각하다

**copy** BGM) 코리아 판타지

남) 오등은 자에 아 조선의 독립국임과
조선인의 자주민임을 선언하노라
차로써 세계만방에 고하야…

NA) 기미년 삼월 일일,
한 자 한 자마다 내 민족의 분노와 염원을 담은
독립선언서.
온 겨레의 함성을 봇물처럼 터뜨렸던
그 뜨거운 역사의 글이
최남선의 떨리는 한 자루 펜에서 시작되었다

남) 아아, 신천지가 안전에 전개되도다
위력의 시대가 거하고 도의의 시대가 내하도다

NA) 역사의 불씨,
그 귀한 문구의 의미를 생각하는 모닝글로리
길이길이 소중히 할 문구이기에
늘 정직하게 만듭니다

소중한 문구, 정직한 이름, 모닝글로리

예물시계로 포지셔닝한 돌체의 라디오광고 카피 역시, 결혼식 장에서 신랑과 신부가 입장하는 장면을 눈앞에 그리면서, 거기에 아버지와의 추억을 재미있게 드라마화해서 카피를 썼습니다. 신랑 편이 먼저 제작되었고, 그 반응이 좋아 신부 편으로 이어지면서, 거기에 따라 키워드도 변형(Variation)이 되었습니다.

### 돌체 라디오 CM_신랑 편

| key copy | 아버지를 생각하며 아들에서 남편으로 |

| copy | 사회자) 신랑 입장!
S.E) 피아노 소리
남) 아버지, 드디어 신랑 입장입니다.
아버지와 장난치며 놀던 때가 엊그제 같은데…
S.E) 피아노 소리 작아지면서
남아) 까르르르…
아빠) 요 녀석 잡았다!
남아) 놔, 간지러워! 까르르… 놔, 임마!
아빠) 뭐? 임마?
S.E) 피아노 소리 살아나면서
남) 후훗, 아버지, 기억하세요?
저도 모르게 튀어나온 그 말 때문에
혼내시던 일.
S.E) 피아노 소리 작아지면서
소년) 아빠, 시계 좀 좋은 거 사줘.
이번 시험, 시계 때문에 망쳤단 말이야.
내 친구들은 다 좋은 거 차는데, 아빠 뭐야? |

아빠)    여보, 이 녀석 장가보냅시다,

        좋은 시계가 소원이니, 허허허…

S.E)    피아노 소리 살아나면서

남)     허허허, 아버진 소리 내 웃으셨죠.

        그러나 전 압니다, 그때 아버지의 웃음은

        웃음이 아니었단 것을… 아버지…

사회자) 신부 입장!

남)     아버지, 한 번도 말한 적 없지만,

        아버지, 사랑합니다.

S.E)    피아노 웨딩마치

NA)     아버지를 생각하며 아들에서 남편으로,

        예물시계, 돌체


## 돌체 라디오 CM_신부 편

**key copy**  아버지를 생각하며 딸에서 아내로

**copy**    사회자) 신부 입장!

S.E)    피아노 웨딩마치

여)     아빠, 웨딩마치가 시작됐어요.

        저기 보세요, 아빠의 사위를.

        오늘, 아빠가 있다면 그 노래를 부르겠죠?

아빠)    ♪이 세상의 부모 마음 다 같은 마음~

여)     어릴 때, 밤늦게 돌아오시면

        언제나 저를 무릎에 앉히고는,

        그 노래를 부르며

        제 뺨에 수염을 부볐잖아요.

여아, 싫은) 아빠~

아빠)    아이구, 내 보물!

|       | 요롷게 이쁜 걸 도둑맞으면 어떻게 살지? |
|-------|------------------------------------|
|       | 그래도 우리 딸내미,                  |
|       | 아빠가 데리고 멋지게 결혼식장에 입장할 거야! |
| S.E)  | 피아노 소리 살아나면서                |
| 여)   | 아빠, 약속을 어기셨죠?               |
|       | 그래도 전 오늘, 엄마 얼굴에 제 뺨을 대고 |
|       | 그 노랠 꼭 부를 거예요, 아빠 대신…    |
| 사회자) | 신랑 신부 맞절!                     |
| 여)   | 아빠, 지켜봐 주세요, 잘 살게요.       |
| NA)   | 아버지를 생각하며 딸에서 아내로,       |
|       | 예물시계 돌체                        |

앞에서, 라디오광고는 보여지는 비주얼 없이 카피로만 전달
된다는 얘길 했지요? 그런데, 이처럼 카피 속에 '장면'이 살아있
는 경우엔 비주얼이 엄연히 존재하고 있지 않습니까? 실제로 보
이진 않지만 부인할 수 없이 존재하기에, 라디오 CM 카피는 TV
CM이나 인쇄광고와 다를 바 없이 비주얼의 밑그림을 생각하고
쓰는 게 좋은 거지요. 다음은, 제가 썼고 라디오광고로 제작되었
으며, 인쇄광고 카피로도 그대로 사용되었던 여성복 브랜드 메
르꼴레디의 카피입니다.

## 메르꼴레디 라디오 CM

**key copy** 그녀, 남다른 생의 모습을 사랑한다

**copy** S.E) 계단 오르는 구두 소리, 여자의 허밍음
여) 스물네 개의 목조 계단을 삐걱거리며 올라
녹슬어가는 문을 열고 들어서면,

S.E) 삐걱 문 열리는 소리, 깐소네 음악 흘러나오며
여) 그곳엔 오늘도 깐소네만이 홀로 앉아있다.

칼바도스 한 잔을 앞에 두고 바라다보는
이 거리는
마치도 한 장의 흑백사진.
나의 삶은 저 도시 어디를 서성이고 있는가.

BGM) 깐소네 음악 크게 흐르면서
여) 가슴속엔 이 뜨거운 열정의 노래가
흐르고 있는데.

NA) 그녀, 남다른 생의 모습을 사랑한다
이태리풍의 하이캐주얼, 메르꼴레디

주인공이 계단을 밟고 올라가는 데서부터 카피가 시작되지요? 카페 문을 열면 깐소네 음악이 다가옵니다. 창가 자리에 앉은 여자는, 술 한 잔을 앞에 두고 거리를 내려다보며 자신의 삶을 생각하지요. 라디오 CM의 비주얼성이 느껴집니까?

앞에 든 사례들은 20초 세 개를 한 묶음으로 구매해서 방송한 60초, 즉 1분용 카피들입니다. 그럼, 이번엔 20초 카피를 한번 볼까요? 비트를 한창 광고할 때 썼던 라디오 CM 시리즈입니다.


## 비트 라디오 CM

**key copy**    때가 쏙, 비트

**copy_1**    여)    우리 신랑?
              빨래하고 계셔, 나 힘들다고.
              그러엄, 얼마나 잘하는데! 호호…
              고감도 세제를 조금만 넣고…
              뭐? 고감도 세제를 몰라?
              너 그래서 시집가겠니?
              조금만 넣어도 때가 쏙 빠지는 비트 말야!
        Song)  때가 쏙 비트
        여)    고감도 좋은 거, 나도 처녀 땐 몰랐다.

**copy_2**    남)    맞아요, 사실은 빨래하기 싫어서 결혼했죠.
              근데 왜 지금 빨래하고 있냐고요?
              하하, 비트만 보면 나도 모르게…
              추억은 다 그리운 거 아니겠습니까?
              조금만 넣어도 비벼 빤 것처럼
              때가 쏙 빠지는 고감도 세제다 보니…
        Song)  때가 쏙 비트
        남)    내 얼굴도 쏘옥 빠졌다구요?

| copy_3 | 여) | 우리 신랑은요, 고집이 황소예요. |
| | | 남잔 빨래하면 수염이 안 난다나요. |
| | | 근데, 비트를 쓰고부턴 |
| | | 와이셔츠 소매깃이 점점 깨끗해진다고 |
| | | 히야! 히야! 그러더니, |
| | | 어젠 드디어 빨래를 손수… 호호… |
| | | 비트가 황소고집까지 쏙 빼준 거죠? |
| | Song) | 때가 쏙 비트 |
| | 여) | 근데 우리 신랑 수염 걱정되네? |

깨가 쏟아지는 자신의 신혼생활을 전화로 은근히 자랑하며 미혼인 친구의 염장을 지르는 여자의 모습, 쑥스러워하면서도 세탁기에 세제를 넣고 있는 남자의 모습이 보이지요? 이처럼 라디오광고 카피는 장면 혹은 비주얼을 생각하면서 쓰면 되는 겁니다. 아울러 키워드에서 벗어나지 않게 주의하고, 청각에 의존한다는 사실을 유념해서 구어체의 단문으로 문장을 짧게 쓰는 거지요. 마지막은 제품명 혹은 기업명으로 맺음 해야 합니다. 카피를 다 쓴 다음엔, 꼭 소리 내어 읽어볼 것을 권합니다. 눈으로만 보는 카피와 읽을 때의 카피는 느낌이 다르니까요. 또, 라디오광고는 TV광고와 같이 시간의 제약이 분명하므로, 소리 내어 읽을 때 꼭 스톱워치로 시간을 체크하는 것도 잊지 말아야지요.

실제로 라디오 CM 카피를 쓸 땐, 먼저 선택해둔 키워드들 중에서, 라디오 CM에 적절하다고 여겨지는 키워드 하나를 결정합니다. 복수의 안을 원하면, 키워드는 하나여도 좋고, 안의 수만큼 결정해도 좋지요. 그러곤, 그 키워드를 라디오 CM으로 어떻게 발전시켜나갈지를 생각하는 거지요. 몇 개의 아이디어가 나오면, 그중에서 써보고 싶은 걸 골라서 카피로 써 내려가면 됩니다. 몇 초로 쓸 것인지는 마음대로 정하는 거지요. 20초 단위로 늘려가면 되니까요. 20초, 40초, 60초, 이렇게 말입니다.

# 키비주얼 찾기

4장 초두에서 불조심 포스터를 구상했었지요? 그 과정을 요약하면 이렇습니다. 당신은 '불조심'이라는 주제를 놓고 자연스럽게 말 즉 표어부터 고민했습니다. 그렇게 떠오른 몇 개의 표어들 중 '꺼진 불도 다시 보자'를 결정했지요. 그러곤 그 말에 맞는 그림을 고민했고, 그 결과 꺼진 불이 확대되어 보이는 돋보기 그림을 생각해냈습니다. 여기서 '불조심'이란 주제는 광고의 컨셉에 해당되고, '꺼진 불도 다시 보자'라는 말은 '키워드(Key Word)', 꺼진 불이 확대되어 보이는 돋보기 그림은 '키비주얼(Key Visual)'에 해당된다는 걸 얘기했지요. 그리고, 이렇게 키워드와 키비주얼을 찾는 이유는, 요즘 광고가 통합 마케팅 커뮤니케이션(Integrated Marketing Communication) 하의 원 소스 멀티 유즈(One-Source Multi-Use) 전략으로 진행되기 때문이라고 했습니다.

사실, 비주얼은 언어적 메시지인 카피와 함께 광고를 이루는 또 하나의 큰 축입니다. 요즘의 광고는 강렬한 시각적 표현을 요구하기 때문에, 그만큼 그 중요성이 높지요. 광고물 속에서 이 비주얼은 전파광고인 경우 주로 동영상이나 애니메이션으로, 인쇄광고의 경우 사진이나 일러스트레이션(Illustration)으로 보여지며, 로고타입(Logo Type), 심볼마크(Symbol Mark) 등이 공통으로 사용됩니다. 키비주얼은 이와 같은 동영상, 사진 등의 밑그림이 되는 핵심 비주얼이지요.

실제로 아이디에이션을 해나가다 보면, 키워드와 키비주얼이 동시에 나오기도 하고, 거기에 카피까지 함께 등장하는 경우가 있습니다. 월척이라고나 할까요? 그러나 여기선 한 단계씩 나아가는 의미로, 카피의 완성에 앞서 키비주얼 도출 과정부터 얘기를 전개합니다. 아울러 이 키비주얼 찾기는, 그 아이디에이션 대상이 인쇄광고이든 TV광고이든 뉴미디어 광고이든, 똑같이 적용된다는 점을 먼저 숙지하기 바랍니다.

예전부터 비주얼을 찾을 땐, 국내외의 다양한 잡지와 사진집, 명화모음집, 광고물 모음도서와 영상물, 영화, 애니메이션, 뮤직비디오 등을 열심히 뒤졌습니다. 거기서 비주얼 아이디어의 큐(Cue)를 얻어냈지요. 그런 것들을 포함해서, 요즘은 인터넷 환경이 워낙 좋으니, 인터넷 자료 검색으로 필요한 키비주얼을 찾아내고, 그것을 더 발전시키는 과정을 따릅니다. 또 자신이 모아놓은 비주얼 자료들을 활용할 수도 있습니다. 이런 경우에는 주요 단어별로 비주얼을 부지런히 수집해놓는 선행작업이 필요하지요. 그리고 키워드를 도출할 때와 같은 방법으로 키비주얼을 찾을 수도 있습니다. 5장의 키워드 도출 방법으로 돌아가서 예를 한번 들어보지요. 지금부터 예시로 보여드리는 비주얼은 사진으로 보여드리는 게 좋겠으나 게재 상의 어려움이 있어 그림으로 대체합니다.

## ▪▪ 뒤집기

면도기 광고를 예로 들면서, '무인도 남자가 되기 싫다면'이란 키워드를 도출한 바 있습니다. 이 키워드를 그대로 수용한다면, 키비주얼 역시 수염 많은 남자가 무인도에서 생존의 사투를 벌이는 상황이 등장해야겠지요. 그러나 뒤집어 생각해서 남자가 존재하는 공간을 무인도에서 사무실로 바꿔놓으면 더 새로운 키비주얼이 등장합니다.

**key word**  무인도 남자가 되기 싫다면

**key visual**  불 피우며 괴로워하는 무인도 수염남 (단, 배경은 사무실)

다음의 장 기능 정상제인 아기오 광고 역시 비주얼을 한번 뒤
집었지요. 키워드 속의 빵빵하고 가스가 차있는 것 같은 사람의
배를 대신해 복어의 배를 비주얼로 사용했으니까요.

[아기오 / print]

## ▫▪ 강제결합

음료 광고였지요. 키워드는 '이 맛, E.T.가 알아버렸다'. 이 키워드에 적절한 키비주얼은 E.T.가 음료 병에 올라탄 채 마시거나, 음료병과 교감하는 E.T.의 모습이겠지요. 여기에다 의외의 것을 조합하는 방법을 활용해보면, 음료가 너무 맛있다 보니 아껴먹으려고 E.T.가 숟가락에 음료를 따라먹거나 손가락에 찍어 먹는 비주얼이 등장하게 되는 겁니다.

key word 이 맛, E.T.가 알아버렸다

key visual 손가락으로 콜라를 찍어 먹으며 좋아하는 E.T.의 모습

이어지는 모닝글로리 기업광고의 비주얼도, 아이캐처(eye-catcher)로 사용된 키워드 '필요한 것만 잘라주는 가위는 없을까?'와 함께, 가위와 게의 집게발을 결합시켰던 사례입니다. 이 광고는 제품을 바꿔가며 계속해서 시리즈로 진행되었는데, 백년 일기장 광고는 '영원히 그대로 보존되는 일기장은 없을까?'라는 키워드와 함께, 일기장과 진주 조개를 결합시켰지요. 또 노트 광고는 '세상의 모든 칼라를 표지에 담고 싶다'라는 키워드에, 노트의 표지들과 공작의 깃털을 결합시켰습니다.

| key word_1 | 필요한 것만 잘라주는 가위는 없을까? |
| key visual_1 | 조개 사진을 모양대로 자르는 가위.<br>가위 윗부분은 게의 집게발 |

| key word_2 | 영원히 그대로 보존되는 일기장은 없을까? |
| key visual_2 | 일기장과 결합된 진주 조개와 진주의 모습 |

| key word_3 | 세상의 모든 칼라를 표지에 담고 싶다 |
| key visual_3 | 노트의 표지들과 결합된 공작의 화려한 깃털 |

"필요한 것만 말려주는 가위는 없을까?"

책은 물과 거리가 멀고 운이팅 잘려주는
가위, 운이팅하이는 콤비는 화려한 빛나려를
자랑하는 가위, 그런 분구를 생각합니다.

## 문구의 꿈

시작은 늘 작은
포기않이면, 모닝글로리의 장을
발명으로 이어지는 문구의 세계—
모닝글로리와 그 소중한 아름을 알려드리고져
세계 50개국의 아이들과 함께 하이며,
문구가 꿈을 넘지고 아이들은 꿈이나라—
상품을 있고 선혜되는 사회를 가꾸면서, 더
풍이랑한 문구를 만들어 화려 방렬을 다합니다.
문구의 꿈을 여는 방명의 이름, 모닝글로리.

"엽한히 그대로, 보존하는 일기장은 없을까?"

언제까지나 미소답고, 쇼윈도우의 전시처럼 마무—
『모닝글로리의 백년일기장』이 그 꿈을 이루드립니다.
오랜영길된 언어의 운이팅같이의 꿈과 넘이 컴프도
달여드립니다, 내주같이.

## 백년일기장의 꿈

오랜 추억, 순수으로 하얗게 보낸
그 꿈은 서화드립니다.
운이팅같이 잘려질보다 널 꿈일 따수리도
멀어주는 언어, 운이팅같이 꿈이
『모닝글로리의 백년일기장』의 광고같이 꿈모도
다해드립니다, 내주같이.
화려나 손에서나 재언담대
책을 백년까지 보간해
꿈은 백년일기장—
오가더의 따뜻을 영화이그러 소
다여드.모리나 한그림의
아이는열. 넘는 「모닝글로리의 추억없음」도 있습니다.

색의의 모든 탐바을 요거해 담습니다.

표지만마다 우리들의 잃어 꿈꿈 꿈꿈, 그리고
그 색깔들이 하나로 어우러진 모니글로리의
모닝글로리라는 그린 노트의 세계를 꿈꿈니다.

## 모닝글로리 노트의 꿈

가까이 손가락 모닝글로리노트는 아름답게
생생한 모이노리의 특징이 『꿈한노트』—
표지색마다 우리들이 잃어 꿈꿈 꿈꿈 같은 노트같은
색과 코모넘어진원리그러리, 어깨의 운이팅같이
잃긴숲같 완전함의 넘꿈 다토게가 제같다라고
모닝글로리노트원
습니다. 모닝글로리너
잃더도 또도.
꼭 확인해보세요.

모닝글로리의 꿈피노로
어린가의 스게끔대로라 따갈리자여 더 좋습니다.

:: 패러디

아이 손과 E.T의 손이 닿는 영화 〈E.T〉의 명장면은, 미켈란젤로의 〈천지창조〉에서 가져왔지요. 여기선, 햄버거 광고를 위해 '너도 맛있냐? 나도 맛있다!'라는 키워드를 썼습니다. 이 키워드는 드라마  〈다모〉의 대사에서 온 거니까, 키비주얼에는 그 드라마에서의 복장을 한 남녀가 등장하는 게 당연하겠지요. 그러나 키비주얼 도출을 위해 한번 더 패러디 기법을 동원해보면, 클림트의 명화 〈키스〉 속 남녀가 포옹한 채 햄버거 하나를 같이 먹는 비주얼이 등장하면서 그 '맛'의 의미도 중의적으로 변화하게 되는 거지요.

**key word** 너도 맛있냐? 나도 맛있다!

**key visual** 클림트의 〈키스〉 속 포옹한 남녀. 햄버거 하나를 같이 먹는 모습

다음 광고의 비주얼은 모나리자를 패러디하고 있지요? 이스라엘의 블리스텍스(Blistex)라는 립밤(Lip balm) 광고인데, 제품을 바른 입술만 매끄럽게 되어있는 걸 볼 수 있습니다.

오래된 모나리자의 그림. 거친 얼굴과 달리 입술만 매끄러운
모습

[Blistex / print]

## :: 진정성

진정성이 담긴 키워드는 키비주얼 역시 그 감정선을 깨지 않고 그대로 따라가는 것이 일반적이지요. 삼성카메라 졸업 시즌 광고를 예로 들었는데, 키워드가 '아버지는 동해바다를 선물해주셨습니다'였습니다. 그 감정을 방해하지 않고 살리면, 카메라를 쥔 채 바다 앞에 있는 남학생의 모습이 키비주얼로 되는 거지요. 카피에 공을 많이 들이는 국내 공익광고는 대개 이 방법을 따릅니다. 앞 장에서 인쇄광고의 카피 요소를 예시하면서 보여드렸던 풀무원 광고 비주얼 역시, 키워드의 '옹고집'을 옹고집답게 시리즈화했지요.

**key word** 아버지는 동해바다를 선물해주셨습니다

**key visual** 겨울바다를 바라보는 남학생. 그의 손에 쥐어진 카메라

[풀무원 옹고집 시리즈 / print]

## ⠿ 스토리텔링

    스토리텔링을 전제로 한 키워드 역시, 진정성이 담긴 키워드와 같이 그 드라마화된 상황을 따라가는 키비주얼을 구사합니다. 예로 든 모닝글로리 백년일기장 라디오 CM을 TV광고로 만든다고 가정해보지요. '오래오래 변치 않는 일기장을 선물하다'라는 키워드에, 소녀가 로봇과 함께 마이클잭슨 기념관을 둘러보는 상황이 그 내용입니다. 따라서, 키비주얼은 마이클잭슨 기념관 내에서 일기장을 보고 있는 소녀와 로봇이 되는 거지요.

| key word | 오래오래 변치 않는 일기장을 선물하다 |
|---|---|
| key visual | 마이클 잭슨 기념관 내, 일기장을 바라보고 있는 소녀와 그 옆의 로봇 |

다음의 모닝글로리 기업광고도 모짜르트와 그 아버지의 일화를 스토리텔링하면서, 그 일화의 중심이 되는 악보를 비주얼로 만들었습니다. 이 광고는 카피의 요소를 설명하면서 예시로 보여드렸던 '헬렌 켈러의 편지' 편과 시리즈로 제작되었지요. 여기서도 헬렌 켈러와 설리번 선생의 일화를 스토리텔링하면서, 스토리의 중심에 있는 편지를 비주얼로 사용하였습니다.

key word_1   아버지를 감동시킨 모짜르트의 악보
key visual_1   모짜르트가 직접 그린 듯한 악보

key word_2   선생님을 울린 헬렌 켈러의 편지
key visual_2   헬렌 켈러가 직접 쓴 듯한 편지

[모닝글로리 / print]

다음에 소개해드리는 해외의 광고물들은 비주얼 아이디어가 뛰어난 사례입니다. 키비주얼을 도출하는 데 훌륭한 본보기가 될 만하다고 생각합니다. 공통적으로, 심플하면서 상징적인 사물로 키비주얼을 표현하고 있지요.

advertiser    JUICEBAR

key word    100% freshly squeezed orange juice
(100% 바로 짜낸 오렌지주스 / 시리즈는 'apple & orange juice')

key visual    쥐어짜는 손과 오렌지 껍질을 합성
(시리즈는 손에 사과 껍질을 합성)

[Juicebar / print]

광고마케팅이야기

| advertiser | Soup & Friends |
| key word | Crabmeat soup |
| | (크랩 수프 / 시리즈는 'Cheese soup') |
| key visual | 크랩 발처럼 쌓은 수프 그릇들 |
| | (시리즈는 치즈 표면처럼 그릇들을 배열) |

Crabmeat soup  € 4.60

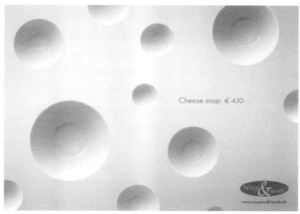

Cheese soup  € 4.10

[Soup & Friends / print]

**advertiser**  Sony Microvault (USB Memory)

**key word**  Store the impossible(불가능을 저장하라)

**key visual**  생쥐에 코끼리 몸통을 합성(크기는 생쥐, 용량은 코끼리)
(시리즈는 꼴뚜기에 고래 몸통을 합성)

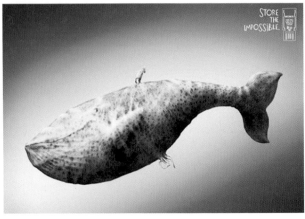

[Sony Microvault / print]

key visual    쥐구멍 밖으로 나와있는 고양이 꼬리. 밖엔 다 마신 다이어
트 펩시 캔

[Diet PEPSI / print]

# 인쇄광고 카피 완성

라디오광고에서 언급한 키워드 얘기를 되새겨보면, 도출된 키워드는 인쇄광고에선 헤드라인(Headline)이 되고, 전체 광고의 슬로건(slogan)으로도 사용됩니다. 이때의 헤드라인은 해당 광고의 분위기에 맞게 변형(Variation)이 가능하다고도 했지요. 전에는 인쇄광고 헤드라인으로 불문율처럼 문어체를 사용했었지만, 요즘은 문어체와 구어체를 경계 없이 넘나듭니다. 그리고 키워드는 평범한 톤을 가지고 있는데 헤드라인이 좀 튀어야 한다면, 비슷한 의미의 튀는 단어들로 바꿔주는 작업을 병행해야 하겠지요.

바디카피(Body Copy)는 헤드라인의 내용을 이어받는 게 우선입니다. 키비주얼을 설명하는 바디카피는 필요 없지만, 분명히 키비주얼을 염두에 두어야 하지요. 비주얼과 따로 노는 카피는 그것이 무엇이든 허용될 수 없으니까요. 쓰기 전에, 먼저 선택되지 않은 키워드들 중에서 헤드라인 내용과 연결될 수 있는 것들을 모읍니다. 바디카피로 재활용하는 거지요. 중요한 건, 헤드라인에서 말하지 못한 얘기를 가능한 한 단순 명료하게 써야 한다는 겁니다. 헤드라인의 내용을 중언부언하면 안 되지만, 거기서 벗어나 딴 얘기를 해선 더더욱 안 되지요.

어렵게 쓰려고 작정하지 않은 이상, 모든 카피의 기본 형식은 단문입니다. 단문이란, 주어와 서술어가 하나씩만 있는 문장을 말하고, 주어와 서술어의 관계가 두 번 이상 맺어지는 복문과 구별되지요. 바디카피 역시 단문이어야 합니다. 절대 복문으로 쓰지 말고, 복문이 있으면 단문으로 쪼개거나, 두 개 이상의 단문이 대등하게 이어지는 중문으로 만들어줘야 합니다. 그래야 사람들이 이해하기 쉬우니까요. 절대 미사여구로 멋 부리지 말고 설득력 있고 공감되게 쓰되, 마무리는 해당 제품과 서비스를 확실하게 권유하거나 행동을 촉구하는 걸로 맺어주는 게 좋습니다. 바디카피의 양은 필요한 양의 두 배 정도를 써서 압축하기를 권합니다. 네 줄 정도의 바디카피를 생각하고 있으면, 여덟 줄 정도 써서 반으로 압축해 들어가는 거지요. 이렇게 쓰면 바디카피가 할 얘기를 다 하면서도 탄탄해집니다.

브로슈어와 리플릿, 신문 전단지 등의 카피는 전체적으로 분량이 많고 상황도 조금 복잡하지요? 그러나 이 카피들도 앞에서 얘기한 바디카피 쓰는 요령을 그대로 적용하면 됩니다. 다만, 여기엔 헤드라인은 물론 서브헤드와 리드카피, 캡션, 박스 등의 카피 요소들이 동시다발적으로 동원될 수 있으니까, 앞에서 얘기한 인쇄광고에 필요한 카피 요소들을 다시 한 번 찬찬히 점검해 보는 게 좋겠지요.

역시 제가 쓰고 인쇄광고로 세상에 태어났거나 그렇지 못한 채 잠자고 있던 카피들을 깨워서 예시합니다. 카피를 익히는 데 도움이 되었으면 좋겠습니다. 인쇄광고 카피를 완성하는 단계인 만큼, 키워드는 '헤드라인'으로 표기하겠습니다.

## 마운티아 인쇄광고_인생 편

**headline**  인생은 山이다

**body copy**  우리의 오늘이 험준한 길이어도
바람 부는 도심 한복판이어도
우리의 삶은 산을 닮았다.

오르막이 있으면 내리막이 있고
내리막이 끝나면 또 오르막이 시작된다.

비바람 몰려오고 눈보라 몰아칠 땐
잠시 쉬었다 가면서,
새소리 물소리 세상의 바람 소리 벗 삼아,
우리는 모두 각자의 정상을 향해 오른다.

가자, 산으로 인생으로.
나의 산, 나의 유토피아, 마운티아.

## 마운티아 인쇄광고_저마다의 산 편

**headline**  저마다의 山이 있다

**body copy**  열정이라는 이름의 산.
도전이라는 이름의 산.
신념이라는 이름의 산.
희망이라는 이름의 산.

저마다 가슴에 품은
정상이 있기에,
우리는 오늘도 행복하게
산을, 인생을 오른다.

나의 산, 나의 유토피아,
마운티아.


## 삼성생명 기업 인쇄광고_부모의 마음 편

**headline**  고맙구나

**body copy**  이렇게 너와 나란히 걸으니
지나온 순간들이 어제 일같이 새롭다.
나들이할 때마다 돌아오는 길엔
어김없이 품에 안겨 새근새근 잠자던
네 어릴 적 얼굴이 내겐 아직도 생생한데,
넌 벌써 어른이 되어 있구나.

오늘, 네 모습을 보면서
이 세상 누구도 부럽지 않고
이 세상 무슨 일도 나는 두렵지 않아진다.

살아오면서, 다른 아이들처럼 넉넉하게 못 해줘
늘 미안한 마음 가득한데
고맙다, 이리도 잘 커줘서.

장성한 자식처럼 든든한 마음.
삼성생명은 그런 보험이 되고 싶습니다.
당신과 가족의 든든한 미래,
삼성생명과 함께 해주세요.


## 삼성생명 기업 인쇄광고_자식의 마음 편

| headline | 고맙습니다 |
| body copy | 어린 시절 어머니의 품속은<br>봄볕처럼 포근했습니다.<br>꼬옥 잡았던 아버지의 손은<br>동화 속 든든한 밧줄이었습니다.<br><br>이제 그 아이는 어른이 되었지만,<br>그래도 정말 힘들고 어려울 때<br>가슴으로 부르는 이름.<br><br>낳아주시고 길러주신 그 큰 은혜는<br>당연한 듯 잊고 살지만,<br>가끔은 당신들이 주신 사랑을 생각하며<br>고맙습니다, 전화라도 드리면 어떨까요.<br>우리의 작은 관심과 표현이<br>당신들에겐 인생의 큰 기쁨일 테니까요. |

늘 변함없는 관심과 사랑,
그것이 삼성생명의 정신이기도 합니다.
생활에 꼭 필요한 보험,
따스한 상품과 믿음직한 서비스의
삼성생명과 의논해주세요.


## 다반 인쇄광고

headline   내추럴한 남자이고 싶다

body copy   소년 시절, 우리 모두는 자연 속에서 꿈을 키웠다.
들판에 누워 하늘을 보며 자유와 동경을 배웠고,
태양의 바다 앞에선 출렁이는 야망을 호흡했다.
그리고 지금도 여전히 그 꿈은, 그 의지는,
남자들의 가슴속에 살아 숨쉬고 있다.
그럼에도, 우리의 삶은 왜 자연 앞에 부끄러울까.
왜 햇살의 폭포 속에서도 잎새처럼 푸르지 못하며,
소나기의 은혜 뒤에도 산처럼 싱그럽지 못할까.

내추럴하게 살고 싶다.
마음의 눈을 크게 뜨고,
자연에서 배운 꿈을 키우며 살고 싶다.
자연과 하나되어 자연처럼 살아가고 싶다.
아침마다 육체에 자연을 입힘은
남자가 자연과 교감하는 원초적인 방식.
자연을 닮은 한 벌, 다반.

# 신세계 기업 인쇄광고

**headline**  주부여, 힘내세요

**subhead**  주부예찬

**body copy**  미운 정 고운 정일랑 가슴에 접어두고
기쁨은 두 배로 슬픔은 반으로 나누며
한 남자의 영원한 고향이 되어주는 사람.
이 세상, 그대만큼 풋풋한 이름이 또 있을까.

자식을 위해선 하늘도 가리워줄 그 큰 사랑으로
커가는 아이의 햇빛 찬란한 내일을 열어주는 사람.
이 세상, 그대만큼 위대한 사람이 또 있을까.

오늘도 빨래를 개듯
작고 소박한 행복을 소중히 하며
생활을 샘물처럼 가꿔가는 주부여.
아내이기 때문에 엄마이기 때문에
그리고 그 수없이 많은 역할마다의 이름으로,
그대는 이 세상 최고의 인생미인.

주부여, 힘내세요.
그대의 생활, 그대의 삶.
신세계가 진심으로 예찬합니다.

## 로가디스 인쇄광고

**headline**　이 세상, 가장 편안한 남자가 되고 싶다

**body copy**　까르르르르,
햇살처럼 쏟아지는 네 웃음소리.
당신 핸섬해,
애교 없는 당신의 애교 띤 거짓말.
아빠 사랑해요,
이것이 내가 만든 나의 낙원.
돌아보면, 달려온 나날들은 폭풍과도 같기에,
이제는 내 어깨를 누르는 삶의 무게를 벗고
이 세상, 가장 편안한 남자가 되고 싶다

가볍고 편안한 이태리 정장, 로가디스

# 전파광고 카피 완성

라디오광고도 전파광고이지만, 앞에서 이미 얘기했기 때문에, 여기선 주로 TV광고 위주로 얘기하겠습니다. 라디오 CM 카피에서 언급했다시피, 키워드는 전파광고에서 키카피(Key Copy)가 됩니다. 전파광고의 카피 중 핵심이 된다는 의미이겠지요. 광고회사에 따라, 혹은 크리에이티브 팀에 따라 다양한 이름으로 불리지만, 여기선 대체로 통용되는 '키카피'로 통일하겠습니다. 인쇄광고 헤드라인처럼, 키카피 역시 키워드를 그대로 사용할 수도, 전파광고의 구성과 분위기에 맞게 변형할 수도 있습니다. 15초가 주류인 우리나라 TV광고에선 키카피만 존재하고 다른 카피가 없는 경우도 허다하지요. 하지만 우리는 과정을 따라가고 있으니까, 키카피에 살을 붙여가는 작업에 대해서도 더 얘기를 하겠습니다.

앞에서 키워드는 한 가지만 말해야 한다는 얘길 했지요? 그런데, 인쇄광고는 그 한 가지 외의 얘기를 더 해야 할 경우에 별도의 카피 요소를 동원할 수 있지만, 전파광고는 그렇지가 못 하지요. 짧은 시간 안에 할 얘기만 해야 하니까요. 그래서 라디오 CM이나 TV광고를 가리지 않고 전파광고의 카피는 '한 가지만 얘기해야 한다'는 S.M.P.(Single Minded Proposition)의 마인드가 특히 중요하고, 그 '한 가지'는 바로 키카피를 중심으로 카피를 써야 한다는 거지요.

카피가 키비주얼의 전개 내용과 조화를 이뤄야 한다는 것도 중요합니다. 인쇄광고와 마찬가지로 도출된 비주얼을 설명하는 카피는 철저히 삼가야 되지요. 또, 전파광고는 시간의 제약 때문에, 빠르게 수용되고 이해될 수 있도록 쉽고 간결한 구어체로 쓰는 게 좋습니다. 본 광고에 대한 예고편 스타일로 호기심을 유발하는 티저(Teaser) 광고가 아니라면, 대개 마지막에 제품명 혹은 서비스명을 기억에 남게 부각시키는 것도 필요합니다. 사람들이 그 광고를 눈여겨보고도 제품명이나 서비스명을 제대로 모르면 안 되니까요. 시간의 제약이 있다는 사실 역시 유념해야겠지요. 카피가 길다 싶으면, 스톱워치로 반드시 체크해보기 바랍니다. 더 자세한 내용은 라디오 CM의 카피 쓰는 요령을 참고하면 좋습니다. 제가 썼거나 카피 디렉팅을 했던 TV광고 카피들을 예시하겠습니다. 라디오 CM 예시와 같이, 키워드는 '키카피'로 표기합니다.

## 위크엔드 TV CM

주말엔 바람이 된다

copy_1   남)   아버지는 뜨거운 용기라 하고
             어머니는 따스한 가정이라 한다

             남자의 인생에, 가장 중요한 것은 무엇일까

        NA)  나를 찾아 떠나는 남자의 탐험

             주말엔 바람이 된다
             위크엔드 아웃도어

copy_2   남)   선생님은 하늘만 한 꿈이라 했고
             친구는 소설 같은 사랑이라 했다

             남자의 인생은 무엇으로 만들어지는 걸까

        NA)  나를 찾아 떠나는 남자의 탐험

             주말엔 바람이 된다
             위크엔드 아웃도어

copy_3   남)   회사에선 집이 그립고
             집에선 회사가 그립다

             남자라는 이름의, 나는 누구일까

        NA)  나를 찾아 떠나는 남자의 탐험

             주말엔 바람이 된다
             위크엔드 아웃도어

copy_4    남)    아침마다 마음은 우회전하지만
                가는 길은 늘 회사로의 직진이다

                남자의 길은 어디로 향하는 것일까

          NA)   나를 찾아 떠나는 남자의 탐험

                주말엔 바람이 된다
                위크엔드 아웃도어

## 솔표 우황청심원 TV CM

key copy   우리의 것은 소중한 것이야

copy       S.E)  대북 두드리는 소리

          NA)   천지를 깨우듯 혼을 두드린다

                변함없이 이어지는 우리의 장단처럼,
                변함없이 이어지는 솔표 우황청심원

          남)    우리의 것은 소중한 것이야

          NA)   우리의 것, 우리의 자랑
                솔표 우황청심원

## SK-II 디링클 액티브 TV CM

key copy   얼굴 나이는 바꿀 수 있어

copy       여)    여기, 여기…
                한번 생기면 어쩔 수 없다더니

주름도 노력하면 달라지는 거야.
나이는 들어도 나이 들어 보이진 말아야지.

NA)  주름을 안에서부터 밀어 올리듯,
SK-II 디링클 액티브

여)  얼굴 나이는 바꿀 수 있어

NA)  SK-II


## 테이스터스초이스 커피믹스 TV CM

**key copy**  우리끼리 한 박자 천천히

**copy**  여)  너희들이랑 있으면
내 맘도 부드러워져,
초이스처럼

음~ 너무 좋아!

우리끼리 한 박자 천천히,
테이스터스초이스 커피믹스


## 파로마 TV CM

**key copy**  Furnature, 가구 속에 자연이 있다

**copy**  NA)  원래도 자연이었고
지금도 자연이며
앞으로도 자연일 것이다

Furnature,
가구 속에 자연이 있다
파로마

## ING생명 TV CM

key copy 20년 후의 나를 만났다

copy 남) 20년 후의 나를 만났다

ING와 함께한 남다른 인생이었다

NA) 만나세요, ING만의 인생 계획

맛보세요, 남다른 인생

SONG) ING생명

[ING생명 / TV CM 캡처]

이어서, 처음 보는 순간부터 참 좋았던 해외의 전파광고 카피들을 예시하겠습니다. 먼저, 아르헨티나의 대선광고 카피입니다. 비주얼은 처음부터 끝까지 자막뿐이고, 그 자막 내용을 담담하게 전달하는 내레이션으로 구성된 광고인데, 카피 자막이 계속 내려가다가 마지막 문장에서 다시 위로, 즉 거꾸로 올라옵니다. 그러니까, 예시된 카피 역시, 계속 읽어 내려가다가 끝 문장에서부터 거꾸로 읽어 올라오면 되는 거지요. 거꾸로 읽는 동안, 이 카피가 왜 좋은지를 발견하게 될 겁니다.

## 아르헨티나 대선광고

copy      this is the truth
          (이것은 진실입니다)
          if we turn things upside down
          (우리가 현실을 뒤집는다면)
          we can't be the best country in the world
          (우리는 세계 최고의 나라가 될 수 없어요)
          I would be lying to you if I said that
          (이렇게 얘기한다면 거짓말일 겁니다)
          Argentina has a great future ahead
          (아르헨티나의 미래는 찬란하지요)
          that we will be a safe country
          (우리는 안전한 나라가 될 거예요)
          that our economy will be strong
          (우리의 경제는 강해질 거예요)
          that our children will be healthy, get an education

and have jobs
(우리 아이들은 건강하고 교육을 받으며 직업을 가질 거예요)
before anything you must know
(이전에 당신이 알아야 할 것은)
our country does not deserve such things
(우리나라는 그런 것에 어울리지 않는다는 것입니다)
and I am convinced of this because I know the
Argentine people
(저는 확신합니다)
corruption and hypocrisy are in our nature
(아르헨티나 국민들은 부패와 위선을 타고났다는 것을)
I refuse to believe under any circumstances that
(저는 어떤 상황 하에서도 이 말을 믿지 않습니다)
we could be a great country in the coming years
(몇 년 안에 우리는 위대한 나라가 될 수 있어요)
thanks to the people's votes
(국민이 던진 표 덕분에)
this country is sinking to new depths but
(이 나라는 또 다른 나락으로 떨어지고 있지만)
there are even more surprises to come
(놀랄 일은 앞으로 더 많이 남아 있지요)
Argentina has only one destiny
(아르헨티나에게 남은 운명은 하나뿐입니다)
and whether we like it or not
(그리고 좋든 싫든)
this is what is real
(이것이 사실입니다)

LOPEZ MURPHY
(로페즈 머피를)

FOR PRESIDENT
(대통령으로)

you should know I believe exactly the opposite
(하지만 저는 정확히 이와 반대로 믿는다는 걸 아셔야 합니다)


다음은 일본 리크루트 광고입니다. 마라톤 출발 장면과 함께 처음부터 끝까지 카피가 쉼 없이 계속되고, 비주얼은 그 카피 내용을 고스란히 따라가고 있습니다. '인생은 마라톤이다'라는 말은 광고에서 많이 사용하는 카피인데, 이 광고는 그 내용을 온전히 전복시키고 있어서, 그만큼 더 묵직한 감동이 남습니다. 거의 구어체로 내레이션을 구사하면서도 감동의 무게를 그대로 전달할 수 있음을 보여주는 좋은 사례이기도 하지요.


## 일본 리크루트 전파광고

copy　　오늘도 계속 달린다
누구라도 달리기 선수다
시계는 멈출 수 없다
시간은 한 방향으로만 흐른다
되돌아올 수 없는 마라톤 코스
라이벌과 경쟁해가며
시간의 흐름이란 하나의 길을
우리는 계속 달린다
보다 빠르게
한 걸음이라도 더 앞으로

저 앞에는 반드시 미래가 있을 거라 믿으며
반드시 결승점이 있을 거라 믿으며

인생은 마라톤이다

하지만 정말 그럴까?
인생이란 그런 건가?
아니야, 인생은 마라톤이 아니야
누가 정한 코스야?
누가 정한 결승점이야?
어디로 달리든 좋아
어디를 향해도 좋아
자기만의 길이 있어
자기만의 길?
그런 건 있는 걸까?
그건 몰라
우리가 아직 만나보지 못한 세상은
터무니없이 넓어

그래, 발을 내딛는 거야
고민하고 고민해서
끝까지 달려나가는 거야
실패해도 좋아
돌아가도 좋아
누구랑 비교하지 않아도 돼
길은 하나가 아니야
결승점은 하나가 아니야
그건 인간의 수만큼 있는 거야

모든 인생은 훌륭하다

누가 인생을 마라톤이라고 했나?

# BTL 아이디어와 카피

뉴욕 맨해튼 거리에 더러운 물을 파는 자판기가 나타났습니다. 8리터짜리 플라스틱 병에 담긴 더러운 물을 1달러에 팝니다. 사람들은 처음에 황당해했지만, 곧 그것이 유니세프(Unicef)의 기부 캠페인이란 사실을 알고 그 물을 기꺼이 사줍니다. 식수로 부적합한 더러운 물을 마시는 전 세계 수백만의 사람들, 특히 어린이들에게 깨끗한 물을 공급할 수 있는 기금을 마련하기 위한 프로젝트였지요. 판매되는 더러운 물은, 깨끗한 식수를 공급하지 못하는 국가에서 공수해온 물이라고 합니다. 이 캠페인은 유명 매스컴들의 소개와 함께, 프로모션 사이트와 휴대폰 문자 메시지를 이용한 기부로도 진행되었고, 뉴요커뿐만 아니라 세계의 많은 사람들이 함께 참여하면서, 대성공을 거두었다고 합니다. 바로 공익 목적의 좋은 BTL 사례이지요.

[Unicef Tap Project 'Dirty Water' / Youtube 영상 캡처]

**campaign title** Unicef Tap Project 'Dirty Water'

**project story** 더러운 물을 팔아 깨끗한 식수 기금을 마련하는
기부 캠페인

이번엔, 이런 활동이 당신 앞에서 펼쳐지는 현장으로 가볼까
요? 지금 당신은 버스 정류장의 셸터로 들어섭니다. 안내판엔,
당신이 타려는 버스가 7분 후에 도착한다는 내용이 뜹니다. 당
신은 벤치에 앉습니다. 순간, 당신의 몸무게가 바로 옆 광고판
에 숫자로 표시됩니다. 당신이 놀라며 자리에서 일어서는 순간,
체중계 비주얼 위에 '놀라셨다면, 줄이세요'라는 카피와 다이어
트 식품 브랜드가 뜹니다. 버스가 오는가 보는 순간, 길 건너편
옥외광고판에도 같은 제품 광고가 보입니다. 동일한 카피와 함
께, 대형 체중계가 보이고 숫자가 자꾸 올라갑니다. 그런데 당신
의 시선이 가는 순간, 숫자가 딱 멈췄다가 내려가기 시작하는군
요. 셸터에서부터 모든 게 센서로 연결되어 있는 거지요. 버스가

도착합니다. 그 버스 외벽에도 같은 제품의 광고가 보입니다. 자리에 앉아있는 실제 승객과 연결된 하체와 발, 그리고 그 발치에 놓여있는 진짜 같은 체중계 비주얼에, 역시 동일한 카피가 보입니다.

| key word | 놀라셨다면, 줄이세요
| key visual | 체중계

늦은 시각, 집으로 가는 길. 당신은 뭘 좀 먹고 들어갈까 생각합니다. 일 하느라 저녁식사 시간을 놓쳤고, 밥상 차려놓고 반겨줄 사람도 없습니다. 식당도 모두 문을 닫은 시간입니다. 그때, 밝게 불 켜진 한 곳이 보입니다. 당신은 잰걸음으로 다가갑니다. 거기엔, 한 가게의 내려진 셔터 전면에 야식배달전문 광고가 있습니다. 김이 모락모락 피어오르는 음식 비주얼이 조명을 받아 더욱 진짜 같아 보입니다. 카피는, '출출해? 전화해!' 한마디. '어떻게 요렇게 내 마음을 잘 알아?' 당신은 광고에게 한마디 하고, 바로 휴대폰을 꺼내 음식을 주문합니다.

| key word | 출출해? 전화해!
| key visual | 김이 모락모락 나는 음식

당신이 경험한 버스 셸터와 셔터 래핑 광고는 BTL 중에서도 아웃도어(Outdoor) 광고의 사례들이지요. BTL(Below The Line)은 TV, 라디오, 신문, 잡지의 4대 매체와 달리, 다양한 프로모션과 이벤트를 통한 경험 마케팅, 온라인 마케팅 등을 연동해서 보다 구체적인 타겟에게 직접적인 경험과 참여를 유도한다는 걸 1장에서 얘기했었습니다. 그리고 ATL과 BTL의 경계 자체가 모호해졌다는 얘기도 한 적이 있지요.

다시, 두 가지 사례로 돌아가보겠습니다. 흔히 BTL 광고는 카피의 역할이 약하다거나 더 나아가 필요 없지 않느냐고 말합니다. 그러나 그건 전적으로 옳은 생각은 아니지요. 오히려, 이들 광고야말로, '한마디'의 말로 타겟을 붙잡고 놓아주지 않은 채, 경험을 더 확실하게 만들어서 구매로 유도해야 하니까요. 따라서 BTL 역시, ATL 광고들과 같이 컨셉을 찾고 키워드와 키비주얼을 도출하는 아이디에이션 과정을 밟으면 된다는 겁니다. 그렇게 하는 게 지름길일 뿐만 아니라, 훨씬 더 탄탄한 아이디어와 제안에 필요한 스토리텔링이 나올 수 있다는 거지요.

# 바이럴 아이디어와 카피

광장에 대형 스크린이 설치되어 있고, 스크린 속엔 엑스레이 사진 형태의 남녀가 포옹과 키스를 합니다. 많은 사람들이 관심 있게 보고 있지요. 그런데, 헤어져서 스크린 밖으로 나온 실제 두 사람은 모두 여자. 그럴 때 카피가 뜨지요. 'love has no gender(사랑엔 성별이 없습니다)' 이어서 같은 방식으로 다른 인종의 커플, 장애인과 그렇지 않은 사람, 성소수자 가족, 노부부, 종교가 다른 사람들이 등장하면서, 'love has no labels(사랑엔 구분이 없습니다)'라는 캠페인 슬로건까지 카피가 계속 이어집니다. 사랑에 대한 '편견'을 일깨우려는 미국 공익광고협의회의 바이럴 영상으로, 엄청난 조회수를 기록한 캠페인이지요.

| | | |
|---|---|---|
| campaign slogan | love has no labels | (사랑엔 구분이 없습니다) |
| key visual | 엑스레이 사진 형태로 보여지는 커플의 모습과<br>실제 커플의 모습 | |
| copy | love has no gender | (사랑엔 성이 없습니다) |
| | love has no race | (사랑엔 인종이 없습니다) |
| | love has no disability | (사랑엔 장애가 없습니다) |
| | love has no age | (사랑엔 나이가 없습니다) |
| | love has no religion | (사랑엔 종교가 없습니다) |

[미국 공익광고협의회 'Love has no labels' / YouTube 영상 캡처]

love is love       (사랑은 사랑입니다)
love has no labels   (사랑엔 구분이 없습니다)
rethink bias at     (편견을 되돌아보세요)
lovehasnolabels.com (lovehasnolabels.
                                  com에서)

　이번에도 당신 곁으로 한번 가볼까요? 지하철 안의 사람들은 하나같이 휴대폰을 들여다봅니다. 그 속의 당신도 영상을 보고 있습니다. 영상 속엔, 잔잔한 음악과 함께 30대의 여자가 애완견을 안고 현관문을 엽니다. 아이들이 애완견의 이름 '치치'를 부르며 따라 나서지만, 할머니가 만류합니다. 바깥엔, 남편이 피우고 있던 담배를 끄고 차 문을 열어줍니다. 차를 타고 가는 부부의 표정이 어둡습니다. 여자의 무릎에 앉아있는 치치도 힘이 없어 보입니다. 동물병원 안. 치치는 폐암이고, 오늘 안락사한다는 내용이 나옵니다. 부부는 치치와 작별하고, 치치는 눈을 감습니다. 부부의 눈에 눈물이 흐르면서, 카피가 자막으로 이어집니다.

| key word | 세상의 가장 아름다운 이별 |

| key visual | 안락사되는 애완견 |

| copy | 흡연자가 기르는 애완견들은
전체 암의 60%가 폐암입니다.
흡연은 애완동물들에게도 치명적입니다.
당신을 위해, 가족을 위해,
이제 당신이 이별하세요. |

세상의 가장 아름다운 이별,
금연입니다.


　당신은 인터넷을 하다가 요즘 핫하다는 영상을 발견합니다. 한 여대의 학기 초 강의실. 앞문 쪽을 향한 학생들의 시선이 심상치 않습니다. 두근대는 소리가 교실을 채웁니다. 드디어 문이 열리고, 젊은 강사가 들어옵니다. 초절정 꽃미남입니다. 강사가 출석을 부르기 시작합니다. 그런데 맨 앞쪽 학생들이 쓰러지더니, 파도타기라도 하듯 계속 쓰러집니다. 뒤쪽 학생들 몇 명은 뒷문을 열고 강의실을 뛰쳐나갑니다. 강사가 영문을 모른 채 학생들을 부르며 그 뒤를 쫓아갑니다. 복도와 로비로 이어진 그들의 쫓고 쫓기는 추격전은 학교 운동장으로 이어집니다. 그러나 강사가 학생들을 부를 때마다, 지나가던 학생들까지 자꾸 쓰러집니다. 캠퍼스에 비상벨이 울리고, 경찰차와 응급차가 달려옵니다. 숨을 몰아 쉬던 강사가 혹시나 하고 한 손으로 자기 입 냄새를 맡아봅니다. 순간, 강사도 쓰러지면서, '사람 잡는 입 냄새' 자막을 구취제가 팍 쓰러뜨립니다.


key word　사람 잡는 입냄새

key visual　자신의 입냄새에 쓰러지는 꽃미남 강사

당신은 방금 두 개의 바이럴(Viral) 영상을 봤습니다. 'viral'이 'virus'의 형용사인 건 알고 있을 테지요? 바이러스처럼 확산된다고 해서 붙여진 이름입니다. 입소문 마케팅과 닮았지만, 정보 제공자가 그 유통을 주도하는 입소문 마케팅에 비해, 바이럴은 정보 사용자가 확산을 주도하지요. 그러다 보니, 사람들의 관심을 끌기 위해 그만큼 더 강렬하고, 때론 광고가 아닌 걸로 위장하기도 합니다. 따라서 바이럴 영상은 카피보다는 아이디어 그 자체가 중요한 게 사실이지요. 하지만, 그 아이디어는 어디서 올까요? 역시 기본은 컨셉이고, 광고가 아닌 척할수록 카피의 필요성은 더 높아지지요. 중의적 의미나 딴 얘기를 하는 척하며 내용을 포장해야 하니까요. 따라서 바이럴 역시, 컨셉을 찾아내고 카피와 비주얼의 아이디어를 고민하는 과정을 따라가면 되는 겁니다.

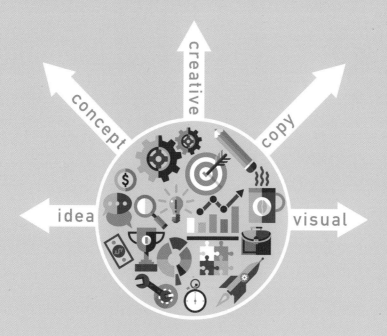

# 썸네일

# 포스터를 스케치하듯

불조심 포스터를 구상한 과정, 기억하지요? 먼저 말을 고민했고, '꺼진 불도 다시 보자'란 걸 선택했지요. 연이어 그 말에 맞는 그림을 고민하다 꺼진 불이 확대되어 보이는 돋보기 그림을 구상해냈습니다. '꺼진 불도 다시 보자'라는 말은 키워드에 해당되고, 돋보기 그림은 키비주얼에 해당되지요.

이제 당신은 그 말과 그림을 연습장에 미리 한번 스케치해봅니다. 학교에 제출할 도화지 혹은 캔트지에 바로 그리면 혹 실수할 지도 모르니까 말이지요. 이 경우, 당신이 미리 해본 스케치, 이게 바로 크리에이티브를 아이디에이션하는 과정에서 말하는 썸네일(Thumbnail)이지요. '엄지손톱'이라는 뜻처럼, 썸네일은 핵심적이되 간단명료하게 키워드와 키비주얼 중심으로 아이디어를 요약 정리하는 걸 말합니다. 마치, 컨셉을 도출하기 위해 분석한 내용들을 정리하는, 크리에이티브 브리프 같은 거지요. '아이디어 브리프'라고나 할까요.

카피라이터는 카피만 쓰고 그래픽 디자이너는 비주얼만 고민하는 시스템은 이미 사라진 지 오래라는 얘길 했지요? 광고 현업에선, 카피라이터 디자이너 구분 없이 각자 카피와 비주얼을 고민해서 그것을 썸네일로 만드는 게 일상입니다. 그래서 이 책에서도, 카피를 쓰는 것은 물론 비주얼을 찾아내고 썸네일까지 완성해내는 프로세스를 따라온 거지요.

일반적으로 썸네일은 1) 키워드 2) 다른 카피 요소 3) 키비주얼 4) 비주얼에 대한 전개 혹은 설명, 이 네 가지를 A4 용지 한 장 정도 안에 담습니다. 크리에이티브 팀 내의 회의는, 팀원들 각자가 만든 수많은 썸네일들을 보면서 진행되는데, 보통 회의실 내의 모니터에 썸네일들을 하나씩 띄우면서 하거나, 프린트한 썸네일들을 회의실 벽에 빼곡히 붙여놓고 하지요. 그 썸네일들 중에서 두세 개의 안이 결정되면, 동영상을 위한 콘티, 인쇄광고를 위한 시안으로 카피와 비주얼을 더 구체화하고 다듬는 작업이 이어지게 됩니다. 그 다음은, 그 콘티와 시안 등을 광고주에 제시해서 안을 결정하고 실제 제작으로 들어가는 거지요.

이제, 매체별로 도출한 내용 즉 썸네일을 예시합니다. 당신의 썸네일 능력을 높이는 데 도움이 될 거라고 믿습니다. 일반적으로 키워드와 키비주얼을 먼저 고민하는 것은, 하나의 키워드와 키비주얼을 모든 매체에 사용하는 원 소스 멀티 유즈(One-Source

Multi-Use) 전략의 높은 효과 때문입니다. 그러나 입문자들에겐 다양한 경험을 위해, 선택된 키워드들을 매체별로 하나씩 나눠서 각각의 키비주얼을 찾고 카피를 써보는 노력이 필요합니다. 예시하는 썸네일 역시 그러한 과정 속의 결과물이므로, 매체별로 다른 키워드와 키비주얼 중심으로 예시를 선정했습니다. 그러나 시리즈와 함께, 한 광고 속에 키워드를 중복해서 사용한 경우엔 예외도 있다는 사실을 얘기해둡니다.

# 인쇄광고 썸네일

먼저 신문 잡지 등의 인쇄광고입니다. 선택된 키워드들 중에서 인쇄광고에 적합한 키워드를 헤드라인으로 결정하지요. 이 과정에서 약간의 변형이 가능하다는 사실, 알고 있지요? 그 다음엔, 결정된 헤드라인을 기본으로 키비주얼을 고민해야 합니다. 마찬가지, 몇 개의 키비주얼 아이디어가 나오면, 그중에서 가장 적절하고도 크리에이티브하다고 생각되는 하나의 키비주얼을 결정하지요. 그러고는 헤드라인과 키비주얼을 고려한 카피를 쓴 다음, 썸네일을 하면 됩니다.

인쇄광고용 썸네일은 헤드라인과 바디카피 등의 카피 요소, 키비주얼과 그 설명으로 구성됩니다. 설명은, 그 키비주얼을 어떻게 사용할 것인지를 적는데, 변형이나 합성을 어떻게 할 것인지를 자세히 적기도 합니다. 물론 설명이 필요 없으면 적지 않아도 되지요. 아울러, 이 설명을 너무 장황하게 적으면, 핵심만 간단명료하게 기술한다는 썸네일의 근본을 해친다는 점, 기억해야겠지요.

이어서, 역시 입문자들의 인쇄광고 썸네일들을 사례로 제시합니다. 썸네일에 사용된 키워드 즉 헤드라인은 밑줄을 그었습니다. 키비주얼은 인터넷 등으로 찾은 비주얼 이미지를 사용하는 게 일반적이지만, 여기선 대개 그림으로 대체합니다.

### Creative Brief (1)의 인쇄광고 썸네일

| brand | 핫식스 |
|---|---|

concept  지치지 않는 에이스의 힘

target  과제와 학업, 업무에 지쳐가는 20-30대

key word  1. 뜨거운 6개의 심장이 뛴다, hot6ix
2. 오늘도 천하무적!
3. 시간을 지배하는 자

---

**[핫식스 인쇄광고 썸네일] 시리즈 1**

건전지 대신 핫식스를 넣어, 핫식스를 마시는
동안에는 시간을 지배할 수 있다는 메시지를 준다.

시간에 굴복하는 자들이여!

더 이상 너의 열정을
잠에게 내주지 말라.

시간을 이기자,
비로소 에이스가 되었다

시간을 지배하는 자! 핫식스

**[핫식스 인쇄광고 썸네일] 시리즈 2**

밤에 잠을 자지 않는 상징적인 동물 부엉이를 통해,
핫식스를 마시면 부엉이처럼 시간을
지배할 수 있다는 메시지를 준다.

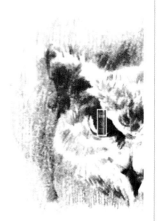

더 이상 시간 앞에
눈 감지 말라.

시간을 이기자,
비로소 에이스가 되었다

시간을 지배하는 자! 핫식스

## Creative Brief (3)의 인쇄광고 썸네일

| brand | 광동 옥수수수염차 |

| concept | 가볍게 내려놓는 차 |

| target | 스트레스가 심한 30-50대 초반 직장인 남성 |

| key word | 1. 마음, 가볍게 내려놓자
2. 당신, 잠시만 내려놓으세요
3. 삶이 무거운 당신에게 |

---

**[광동 옥수수수염차 인쇄광고 썸네일]**

매고 있던 넥타이를 과장된 액션으로 풀어헤치는
남자의 모습.

삶이 무거운 당신에게

매고 있는 넥타이가 답답하다고 느끼는 순간,
매일 쓰는 안경마저 무겁다고 느끼는 순간,

휴식이 필요하다고 느끼는 그 순간,
당신에게 이 차를 추천해드립니다.

가볍게 내려놓는 차, 광동 옥수수수염차

## Creative Brief (4)의 인쇄광고 썸네일

**brand** 광동 옥수수수염차

**concept** 주름 없이 아름다운 미소

**target** 팔자주름, 눈가주름에 신경 쓰는 20-30대 여성

**key word** 1. 난, 당신의 미소가 좋아요
2. 당신은 활짝 웃을 때 가장 아름답습니다
3. 시간을 멈추는 마시는 습관

---

**[광동 옥수수수염차 인쇄광고 썸네일]**

시계의 분침 밑에 옥수수수염차가 놓여있어서
분침이 움직이지 못하게 한다.

웃을 때 눈가와 입가가 신경 쓰인다면,
오늘부터 광동 옥수수수염차를 습관하세요.
작은 습관이 큰 차이를 만듭니다.

시간을 멈추는 마시는 습관,
광동 옥수수수염차

### Creative Brief (5)의 인쇄광고 썸네일

| brand | 미스터피자 |
|---|---|
| concept | 맛있는 수다 한 조각 |
| target | 작은 변화에도 민감한 20대 대학생 및 직장인 여성 |
| key word | 1. Talk 튀는 피자 |
| | 2. 수다를 피자(PIZZA) |
| | 3. 맛있게 수다하자 |

**[미스터피자 인쇄광고 썸네일]**

타겟에 해당하는 여자.
그 앞으로 한가운데 플레이 버튼이 크게 있고,
그 양쪽으로 리와인드/포워드의 버튼이 약간
작게 위치해 있다(각 버튼은 피자 조각임).

맛있게 수다하자

Talk 튀는 피자, 미스터피자

# 전파광고 썸네일

여기서의 전파광고는 주로 TV CM을 의미합니다. 라디오광고 카피는 카피만 제시하면 되니까요. 역시 선택된 키워드들 중에서 전파광고에 적절하다 여겨지는 키워드를 키카피로 결정합니다. 마찬가지, 약간의 변형이 가능하지요. 그러고는, 그 키카피를 바탕으로 한 키비주얼을 아이디에이션합니다. 몇 개의 키비주얼이 나오겠지요? 그중에서 가장 적절한 키비주얼을 선정한 다음, 그것을 전체 비주얼로 발전시켜가면서 카피를 씁니다. 마지막은 역시, 그 내용들을 썸네일하는 거지요.

전파광고용 썸네일은 키카피와 그를 중심으로 한 카피 요소, 키비주얼과 그것을 어떻게 전개시켜갈 것인지를 간결하고 명확하게 적으면 됩니다. 역시 전파광고 썸네일들도 예시합니다. 썸네일에 쓰인 키워드 즉 키카피는 밑줄을 그었습니다. 키비주얼은 마찬가지 그림으로 대체합니다.

## Creative Brief (2)의 TV CM 썸네일

| brand | 핫식스 |
| concept | 청춘을 빛내는 끈기 |
| target | 주어진 일을 끝내야 마음 편할 수 있는 청춘세대 |
| key word | 1. 꿈보다 해몽보다 열정!<br>2. 별처럼 깨어있는 내가 좋다<br>3. 내 안에 파란을 핫하게 밝히다 |

---

### [핫식스 TV CM 썸네일]

저녁 6시부터 새벽 6시까지 깨어있는 사람을 '식스맨'으로 설정하고,
식스맨 복장을 한 채, 황혼에서 어두움, 다시 새벽이 될
때까지 도시를 지키는 그의 모습을 원씬으로 보여준다.
핫식스를 든 채, 멘트하는 식스맨과 핫식스 제품.

남 O.V)    안녕?
           난 저녁 6시부터 새벽 6시까지
           이 도시를 지키지.
           밤의 영웅 배트맨이 잠들어버린
           이 시간에도 난 끈기있게 깨어있지.
           내가 이럴 수 있는 건
남)        바로 이거!
           내가 누구냐고?
           난 식스맨이야!
           물론 너도 될 수 있지.

남 NA)    별처럼 깨어있는 내가 좋다
           핫식스

## Creative Brief (4)의 TV CM 썸네일

| **brand** | 광동 옥수수수염차 |

| **concept** | 주름 없이 아름다운 미소 |

| **target** | 팔자주름, 눈가주름에 신경 쓰는 20-30대 여성 |

| **key word** | 1. 난, 당신의 미소가 좋아요 |
| | 2. 당신은 활짝 웃을 때 가장 아름답습니다 |
| | 3. 시간을 멈추는 마시는 습관 |

---

### [광동 옥수수수염차 TV CM 썸네일]

강변에서 조깅하는 여자 A. 맞은편에서 여자 B가 조깅해온다.
여자 A와 B가 스쳐 지나는 순간, 곁눈질하는 여자 B.
그녀가 본 것은, 여자 A가 쥐고 있는 옥수수수염차.
별꼴이란 표정으로 지나가는 여자 B.
그러나 관심 없이 옥수수수염차를 한 입 마시는 여자 A.
맞은편에서 오던 멋진 남자, 여자 A를 발견하고
그녀와 나란히 뒷걸음으로 달리며
재미있는 행동으로 그녀를 웃긴다.
활짝 웃는 여자 A의 모습과 그녀의 제품.

여 B O.V)   조깅하면서 옥수수수염차를
             마시다니,
             참 이상한 습관이야.

NA)      당신은 활짝 웃을 때 가장
          아름답습니다

          시간을 멈추는 마시는 습관,
          광동 옥수수수염차

# 뉴미디어 광고 썸네일

BTL은 4대 매체 크리에이티브와 똑같이 컨셉을 찾고 키워드와 키비주얼을 도출하는 아이디에이션 과정을 밟아가면 된다고 얘기한 바 있습니다. 따라서 아웃도어 광고이든, 휴대폰 등의 디지털 광고이든, 바이럴 광고이든 간에, 그 아이디어를 위한 썸네일도 역시 앞에서 당신이 본 인쇄광고와 전파광고의 썸네일을 기본으로 삼으면 되는 거지요. 단, 이들 새로운 매체를 통한 광고는, 그 형식도 내용도 늘 새로운 것을 요구받고 있는 게 현실입니다. 따라서 그 썸네일 또한 이러한 새로움을 충분히 담을 수 있어야 하지요.

중요한 것은, 그 썸네일이 자신의 아이디어를 얼마나 잘 표현해내고 있느냐는 겁니다. 카피가 중요하면 카피를 중심으로, 비주얼이 중요하면 비주얼을 중심으로, 그리고 아이디어의 어떤 특정한 부분이 핵심이면 그 부분을 중심으로 내용을 풀어내 갑니다. 뉴미디어 광고 썸네일들도 예시합니다. 앞에서와 동일하게, 썸네일에 쓰인 키워드 즉 키카피는 밑줄을 그었고, 비주얼 이미지는 그림으로 대체합니다.

## Creative Brief (5)의 BTL 썸네일

| brand | 미스터피자 |
|---|---|
| concept | 맛있는 수다 한 조각 |
| target | 작은 변화에도 민감한 20대 대학생 및 직장인 여성 |
| key word | 1. Talk 튀는 피자 |
| | 2. 수다를 피자(PIZZA) |
| | 3. 맛있게 수다하자 |

### [미스터피자 BTL 썸네일] _ 1

여성들이 미스터피자와 함께 수다를 떨며
피자를 먹길 바라는 의도로 제작.

카카오톡을 패러디해서, 마치 피자 받침대
위에 피자가 올려져 나온 느낌을 준다.

카피는, '**Talk 튀는 피자**' 와
'**맛있게 수다하세요**'를 병행한다.

## [미스터피자 BTL 썸네일] _ 2

휴대폰 광고와 함께, 카카오톡 대화 중에 미스터피자를 선물하도록 유도한다.

## [미스터피자 BTL 썸네일] _ 3

피자가 배달되면, 한 조각만 잘려있다.
그 한 조각을 집어 들면 '맛있게 수다하세요! Talk 튀는 피자' 란 카피가
바닥에 등장하면서, 피자가 수다 떠는 사람의 형상으로 보인다.

## Creative Brief (6)의 BTL 썸네일

| brand | 미스터피자 |
|---|---|

**concept** 여자에게 가장 행복한 순간

**target** 스트레스 받는 2030 여성

**key word** 1. 오늘 중 가장 행복한 순간
   (The happiest moment of the day)
2. 따끈한 미소를 구워드립니다
3. 제일 맛있는 미소

---

### [미스터피자 BTL 썸네일] 시리즈 1

버스 혹은 지하철 창가 자리.
승객의 얼굴이 비춰지는 위치에
미스터피자 스티커를 붙인다.
스티커의 피자는 구부러진 모양이다.
승객이 창을 보면, 그 스티커로 인해
자신의 얼굴이 웃는 얼굴로 보이게 한다.

카피는 피자 가까이 위치한다.

**The happiest moment of the day**
**Mr. Pizza**

## [미스터피자 BTL 썸네일] 시리즈 2

지하철 출입문 안쪽.
승객의 얼굴이 위치하는 곳에
구부러진 모양의 미스터피자 스티커를 붙인다.
승객이 그 자리에 서면
반대편 사람 시선에 웃는 모습이 보이게 한다.

카피는 피자 가까이 위치한다.

**The happiest moment of the day
Mr. Pizza**

### Creative Brief (7)의 Viral 썸네일

| brand | 미스터피자 |
| concept | 미래에서 온 여자 피자 |
| target | 건강과 새로운 맛에 관심 있는 2030 여성 |
| key word | 1. 이번에도, 지구에 없던 맛이 나타났다 |
| | 2. 당신을 찾아 미래에서 왔다 |
| | 3. 미래의 유혹 |

---

### [미스터피자 Viral 썸네일] _ 1

NA) 어느 날, 제시카는
UFO에서 피자가 떨어지는 장면을 목격했다.
그 피자는 한번도 먹어보지 못한 환상적인 맛이었다.
그러나 사실을 믿어주는 사람은 아무도 없었다.

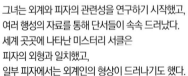

그녀는 외계와 피자의 관련성을 연구하기 시작했고,
여러 행성의 자료를 통해 단서들이 속속 드러났다.
세계 곳곳에 나타난 미스터리 서클은
피자의 외형과 일치했고,
일부 피자에서는 외계인의 형상이 드러나기도 했다.

제시카는 확신을 가졌다. 그리고 그녀가 맛보았던
환상적인 그 피자의 맛을 찾아 떠났다.
미국과 유럽을 거쳐, 동아시아 지역까지…
그러나 그녀가 찾던 피자는 없었다.
그녀는 실망했다.

## [미스터피자 Viral 썸네일] _ 2

제시카는 집으로 돌아가기 전,
한국이란 나라를 마지막으로 들러보기로 했다.
그녀는 제일 인기 있다는 미스터피자부터 찾았다.

기다리던 피자를 본 순간, 그녀는 깜짝 놀랐다.
식감이 풍부한 우둘투둘한 토핑은
그녀가 연구했던 한 행성의 표면을 닮았고,
피자 안에는 그 행성의 지도가 보였다.
그러고 보니, 수타 반죽을 의미하는 로고 역시
그들의 손이 아닌가!

그리고… 맛!
바로, 제시카가 그토록 찾던 피자의 맛이었다.
그렇다면, 미스터피자는 어디서 온 것일까?

세상에는 수많은 피자가 있다.
그러나 미스터피자는 다르다.
당신을 찾아 미래에서 왔다,
미스터피자

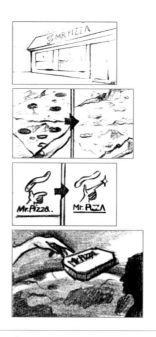

물론 광고 현업에선 수많은 썸네일들 중에서 한두 개가 결정됩니다. 또 결정된 썸네일 역시 시안으로 만들어지고 한 편의 광고로 완성될 때까지 많은 수정이 가해지면서 발전해갑니다. 그래도 그 어떤 광고든 썸네일의 기본은 앞에 예시된 틀을 벗어나지 않으므로, 잘 기억해두었다가 실전에 그대로 사용해보길 권합니다.

입문자들의 최종 단계 썸네일까지를 포함해서, 그 이전의 많은 예시들과 저의 카피들이, 당신의 크리에이티브 능력을 증강현실처럼 부쩍부쩍 키워주었으면 좋겠습니다. 그래서 이 책을 다 본 이 시점에는 어느새 카피라이터 혹은 크리에이터로서의 능력과 자신감이 최고치에 달해 있었으면 좋겠습니다.

마지막으로, 이 책은 한 번 읽어보는 것으로 끝내지 말고, 막힐 땐 예시를 보며 따라 해보고, 가끔 다시 읽어보기도 해줬으면 하는 바람입니다. 자신의 카피에 대해 자신감이 희석되어갈 때나, 도무지 크리에이티브가 풀리지 않을 때나, 원점에서부터 다시 한번 광고를 공부하고 싶을 때 펼쳐보면, 힘을 얻을 수 있으리라 믿습니다.

부디, 이 책으로 카피능력자가 되길 바랍니다.

# 단박에 카피라이터

초판 1쇄 인쇄 2017년 5월 20일
초판 1쇄 발행 2017년 5월 25일

지 은 이  최창원
펴 낸 이  김호석
펴 낸 곳  도서출판 린
편 집 부  박은주 · 이경은
교    정  김수진
마 케 팅  오중환
관 리 부  김소영

등    록  313-291호
주    소  경기도 고양시 일산동구 장항동 776-1 로데오메탈릭타워 405호
전    화  02) 305-0210
팩    스  031) 905-0221
전자우편  dga1023@hanmail.net
홈페이지  www.bookdaega.com

I S B N  979-11-87265-14-6 03320

＊ 파손 및 잘못 만들어진 책은 교환해드립니다.
＊ 이 책의 무단 전제와 불법 복제를 금합니다.

이 도서의 국립중앙도서관 출판시도서목록(CIP)은 서지정보유통지원시스템 홈페이지(seoji.nl.go.kr)와
국가자료공동목록시스템(www.nl.go.kr/kolisnet)에서 이용하실 수 있습니다.
(CIP제어번호: 2017010626)